# Sucesso com SQL!

Edição 1

*Sucesso com SQL!*

*Este livro foi constituído e publicado sem ajuda de editoras e afins.*
*O conteúdo é totalmente exclusivo e criado pelo autor.*

*Segue contato para quaisquer dúvidas, críticas ou sugestões:*
*felipe.ferreira.job@gmail.com*

Dedico esse livro à minha noiva, que sempre me apoiara nos momentos cruciais, me auxiliando e me incentivando para que concluísse esse projeto. Além de ter muita paciência para entender meus momentos de estudo e trabalho, durante todos esses anos.

Dois são os segredos:
"Prática e dedicação!"

# Sumário

*Apresentação* ...............................................................*6*

*Capítulo 1* ...............................................................*10*

**Ferramentas de Conexão ao Banco**...............................................**10**
  Oracle ...............................................................10
  Sql ...............................................................10

*Capítulo 2* ...............................................................*12*

**Estrutura do Banco de Dados**...............................................**12**
  Relacionamentos ...............................................................12
    Relação "um para um (1 – 1)" ...............................................................14
    Relação "um para muitos (1 – N)"...............................................................15
    Relação "muitos para muitos (N – N)"...............................................................15
  Tabelas...............................................................18
    Campos...............................................................18
    Chave Primária – Primary Key ...............................................................20
    Chave Estrangeira – Foreign Key ...............................................................21

*Capítulo 3* ...............................................................*25*

**Instruções**...............................................................**25**
  Create ...............................................................29
  Alter ...............................................................32
  Drop...............................................................35
  Insert...............................................................36
  Select ...............................................................39
    Inner Join / Join ...............................................................42
    Left Join / Left Outer Join ...............................................................47
    Left Excluding Join ...............................................................48
    Right Join / Right Outer Join...............................................................49
    Right Excluding Join...............................................................50
    Full Join / Full Outer Join...............................................................51
    Outer Excluding Join...............................................................52

Group By..............................................53

Count.................................................53

Sum...................................................53

Max...................................................53

Min...................................................54

Avg...................................................54

Order By .............................................55

Asc / Desc ...........................................56

Subselect como Campo ...........................56

Alias / Apelido ......................................57

Nvl ...................................................59

To_Char .............................................59

Any/ Some ..........................................63

All ...................................................64

In / Like .............................................65

Dual .................................................66

Union ................................................67

Intersect ............................................69

Minus................................................69

Subselect com Where Exists.....................70

Subselect como Tabela...........................76

Distinct .............................................76

Case .................................................78

Decode ..............................................80

Extract ..............................................80

Greatest.............................................81

Least ................................................81

Lower................................................82

Upper................................................82

Initcap...............................................82

Lpad .................................................83

Rpad .................................................83

Substr ...............................................84

Instr .................................................85

Ltrim ...........................................................86

Rtrim...........................................................86

Length.........................................................87

Replace .......................................................87

Round .........................................................88

Trunc ..........................................................88

Power ..........................................................89

Sqrt .............................................................89

Months_between .........................................89

Add_months ...............................................90

Next_day .....................................................90

Last_day ......................................................90

Rownum ......................................................91

Update ...........................................................92

Delete ............................................................94

*Capítulo 4* ..........................................................*96*

Índices: ...........................................................96

*Capítulo 5* ..........................................................*98*

Views ..............................................................98

*Capítulo 6* ........................................................*101*

Triggers .........................................................101

*Capítulo 7* ........................................................*121*

Functions......................................................121

*Capítulo 8* ........................................................*124*

Procedures ...................................................124

*Capítulo 9* ........................................................*130*

Repetições:...................................................130

Loop ............................................................130

For Loop......................................................135

While...........................................................136

*Capítulo 10* ...............................................................*139*

Cursores: ...............................................................*139*

*Referências Bibliográficas:*.......................................................*147*

## Apresentação

Seja bem-vindo ao conteúdo especial que preparei para você.

Este livro é o caminho para entender os principais comandos e estruturas de banco de dados, de forma simples e rápida.

Será um apoio para que você execute diversas funções como: analista, desenvolvedor, consultor, implantador de sistemas, gestor de sistemas, criador de indicadores, BI's e demais atribuições relacionadas aos bancos de dados.

O SQL - Structured Query Language – Linguagem de Consulta Estruturada – é uma linguagem estrutural que funciona através de códigos conhecidos como queries, a linguagem padrão nos bancos de dados.

Os principais conceitos estruturais do SQL e a maioria das instruções são comuns a todos os bancos de dados relacionais, ou seja, as estruturas formadas por tabelas e seus relacionamentos.

Alguns dos principais bancos de dados atualmente são:
Oracle, SQL Server, PostgreSQL, MySQL, MariaDB e SQLite.

Vou utilizar diversos exemplos com as instruções no banco de dados Oracle, por ser mais fácil o entendimento, para que o leitor possa utilizar função similar em qualquer banco de dados que desejar trabalhar.

A linguagem SQL é dividida em algumas estruturas diferentes:

**DDL - Data Definition Language - Linguagem de Definição de Dados.**
São comandos relacionados às estruturas das tabelas:
CREATE, ALTER e DROP.

**DML - Data Manipulation Language - Linguagem de Manipulação de Dados.**
São comandos relacionados à movimentação de dados nas tabelas:
INSERT, DELETE e UPDATE.

**DQL - Data Query Language - Linguagem de Consulta de dados.**
São comandos de consulta de dados das tabelas:
SELECT.

**DTL - Data Transaction Language - Linguagem de Transação de Dados.**
São comandos de controle das operações:
BEGIN TRANSACTION, COMMIT e ROLLBACK.

**DCL - Data Control Language - Linguagem de Controle de Dados.**
São comandos para controlar a segurança no banco de dados:
GRANT, REVOKE e DENY.

Não vamos nos preocupar com a estrutura DCL, vamos direto para execução das queries, utilizando os comandos DDL, DML, DQL e DTL.

## Sobre o Autor

Sou formado em processamento de dados e dediquei alguns anos como analista de suporte, analista de sistemas, analista de implantação de sistemas, consultor de implantação, consultor comercial e consultor de gestão de negócios.

Já desenvolvi em algumas linguagens de programação, posteriormente comecei e me dedicar a sistemas mais simples e banco de dados, avançando para sistemas ERP, indicadores e estruturas de automação utilizando basicamente Java, HTML, Oracle e SQL Server.

Atualmente presto consultoria de negócio, com apresentações e análises de sistemas e processos. E no tempo vago estudo muito, crio apresentações, BI's e livros.

# Capítulo 1

## Ferramentas de Conexão ao Banco

Antes de realizar as operações é necessário fazer download e instalar uma das opções de banco de dados. Normalmente estão disponíveis no site do fabricante, conforme os links abaixo:

## Oracle

O Oracle é baixado através do seu site, nos links:
https://www.oracle.com/br/downloads/
https://www.oracle.com/database/technologies/xe-downloads.html

## Sql

O SQL Server é baixado diretamente no site da Microsoft, através dos links:
https://www.microsoft.com/pt-br/sql-server/sql-server-downloads#
https://www.microsoft.com/en-us/evalcenter/evaluate-sql-server-2019

As versões free, gratuitas, costumam possuir limitações de espaço, usuários, funcionalidades ou período de uso.

Após instalar o banco de dados, os usuários poderão executar comandos diretamente através do ambiente de código da plataforma.

Se preferir, poderão utilizar ferramentas de apoio disponíveis de terceiros.

Entre as principais, as recomendadas são:

- ✓ Notepad++ (editor de SQL);
- ✓ SQL Developer (executor de comandos);
- ✓ Toad for Oracle e SQL (executor de comandos);
- ✓ SQL Navigator (executor de comandos).

# Capítulo 2

## Estrutura do Banco de Dados

O banco de dados, também conhecido como database ou BD, é composto por uma estrutura organizada com diversas funcionalidades, as principais são:

- ✓ Tabelas;
- ✓ Relacionamentos;
- ✓ Instruções;
- ✓ Views;
- ✓ Triggers;
- ✓ Procedures;
- ✓ Functions.

## Relacionamentos

A estrutura de um banco de dados nasce com um conceito estruturado, normalmente utilizando uma estrutura normatizada através de um modelo de relacionamento entre todas as entidades, esse modelo é conhecido como o DER – Diagrama Entidade Relacionamento.

Basicamente esse modelo determina quais serão as tabelas e todos os relacionamentos entre elas.

Imagine que um cliente necessite criar uma base de dados simples para catalogar os seus livros, com as seguintes tabelas:

✓ Livro;

✓ Autor;

✓ Editora.

As tabelas possuirão os seguintes campos:

| Livro |
|---|
| Código_Livro (PK) |
| Nome_Livro |
| Edição |
| Código_Autor (FK) |
| Código_Editora (FK) |
| Páginas |

| Autor |
|---|
| Código_Autor (PK) |
| Nome_Autor |
| Telefone_Autor |

| Editora |
|---|
| Código_Editora (PK) |
| Nome_Editora |
| Telefone_Editora |

Dessa forma teríamos o seguinte relacionamento:

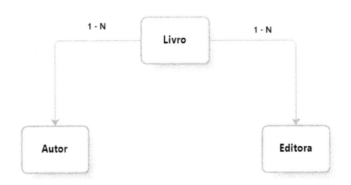

Você deve ter notado que, na ligação entre as tabelas, há um numeral "1 – N", isso significa que, para cada livro cadastrado, haverá somente um autor cadastrado. A mesma regra acontece para as editoras, um livro poderá ter uma editora.

Um livro poderá ter somente um autor e uma editora, "1"; em contrapartida os autores e editoras poderão ter vários livros, "N".

Os cruzamentos entre esses relacionamentos podem ser da seguinte forma:

1 - 1    (lê-se: um para um);
1 - N    (lê-se: um para muitos);
N - N    (lê-se: muitos para muitos).

Mas o que isso significa em termos práticos?

Quando um usuário incluir um registro novo na tabela "Livros", poderá ter somente um autor e uma editora vinculados.

| Código_Livro (PK) | Nome_Livro | Edição | Código_Autor (FK) | Código_Editora (FK) | Páginas |
|---|---|---|---|---|---|
| 1 | Violeta Azul | 1 | 100 | 10 | 150 |
| 2 | Janela Secreta | 1 | 100 | 20 | 200 |
| 3 | O Segredo | 1 | 102 | 10 | 400 |

Mas se observarmos, o autor de código "100" possui dois livros, os livros de código "1" e nome "Violeta Azul"; e o de código "2" e nome "Janela Secreta".

Da mesma forma ocorre com a editora, a de código "10" possui dois livros, o de código "1" e nome "Violeta Azul" e o de código "3" e nome "O Segredo".

Relação "um para um (1 – 1)"

A relação nas tabelas é de 1 para 1 é mais facilmente encontrada quando há uma relação única entre duas tabelas, poderíamos considerar uma tabela de lojas se relacionando com uma tabela dos seus endereços. Desta forma não teria jeito, cada loja possui seu CNPJ próprio e sendo localizada fisicamente em um único lugar. Não existe uma loja em dois lugares ou duas lojas em um único lugar, pelo menos fisicamente e fiscalmente não deveriam existir. Ou uma relação entre uma tabela de clientes e a tabela de seus documentos, cada cliente poderá ter seus documentos únicos, da mesma maneira os documentos devem pertencer a um único cliente.

## Relação "um para muitos (1 – N)"

A relação 1 para N é a mais habitual, ele costuma integrar as demais ligações. A maioria das tabelas de um banco de dados possui esse modelo.

Nossos exemplos das relações entre os livros, autores e editoras faz a mesma correlação.

Ou uma operação de venda, com a tabela de informações e a tabela dos itens da venda. Sempre que existir uma possibilidade para várias ligações é utilizado esse modelo.

## Relação "muitos para muitos (N – N)"

Normalmente quando existem relações N para N são criadas tabelas intermediárias associando essas ligações, pois seria muito complexo e pouco estrutural criar vários campos para registrar diversas ligações.

Imagine que um autor pudesse ter escrito vários livros; e cada livro pudesse ter sido escrito por vários autores; ou mesmo, as editoras poderiam ter vários autores vinculados e os autores estarem vinculados em várias editoras.

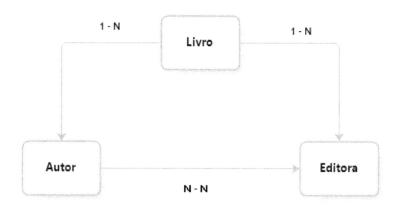

Vejamos como seria complexo:

Na tabela abaixo, se um autor pertence a duas editoras, teríamos de criar os campos duas vezes na tabela "Autor". Da mesma forma, se a editora pudesse ter dois autores, teríamos de criar dois campos na tabela "Editora".

| Autor | Editora |
|---|---|
| Código_Autor (PK) | Código_Editora (PK) |
| Nome_Autor | Nome_Editora |
| Código_Editora_1 (FK) | Código_Autor_1 (FK) |
| Código_Editora_2 (FK) | Código_Autor_2 (FK) |
| Telefone_Autor | Telefone_Editora |

Agora imagine que um autor pudesse pertencer a cinco editoras diferentes e uma editora pudesse ter dez autores, teríamos de criar uma infinidade de campos, poluindo demais as tabelas.

A fim de resolver esse problema são criadas tabelas intermediárias na relação N – N.

As tabelas ficariam da seguinte forma:

| Autor |
|---|
| Código_Autor (PK) |
| Nome_Autor |
| Telefone_Autor |

| Autor_Editora |
|---|
| Código_Autor (PK e FK) |
| Código_Editora (PK e FK) |
| Ano Filiação |

| Editora |
|---|
| Código_Editora (PK) |
| Nome_Editora |
| Telefone_Editora |

Com isso seria criada a tabela "Autor_Editora", com a chave primária sendo composta por duas chaves estrangeiras, os campos: "Código_Autor" e "Código_Editora".

Ao realizar lançamentos a tabela ficaria da seguinte forma:

| Autor_Editora | | |
|---|---|---|
| Código_Autor (PK e FK) | Código_Editora (PK e FK) | Ano Filiação |
| 100 | 10 | 2019 |
| 100 | 20 | 2020 |
| 102 | 10 | 2019 |

Tabelas

As tabelas armazenam um conjunto de dados em um banco de dados e são compostas basicamente de campos, chaves primárias (PK) e chaves estrangeiras (FK).

Campos

Os campos são as bases da estrutura de uma tabela e podem ser formados de diversos tipos como:

✓ Números inteiros (integer);
✓ Números inteiros preservando a escala decimal (number);
✓ Número decimal (float/ double);
✓ Número binário (raw);
✓ Caractere com uma unidade (char);
✓ Caractere com vários campos letras e números (varchar);

✓ Texto Longo (long/text);
✓ Memorando (blob);
✓ Data (date);
✓ Timestamp (data com uma precisão maior nos segundos).

Existem diversos outros tipos, a diferença é basicamente a informação que será armazenada e sua capacidade.

Vejamos alguns tipos de campos em casos de uso:

Imagine a criação da tabela "Livro", formada por apenas três campos com seus devidos tipos de dados:

| Campo | Tipo |
|---|---|
| Código_Livro | Number ou Int; |
| Nome_Livro | Varchar; |
| Páginas | Number ou Int. |

Seu modelo ficaria da seguinte forma:

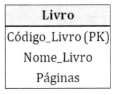

| Livro |
|---|
| Código_Livro (PK) |
| Nome_Livro |
| Páginas |

Nos campos também podem ser criadas regras para validação para cada inserção de novos dados na tabela, como regras para não aceitar inclusão de um novo livro sem todos os campos estarem preenchidos ou determinado campo não ficar com dado vazio, dentre outras opções.

Chave Primária – Primary Key

A chave primária (pk) é um campo ou vários campos identificadores em uma tabela, que nunca se repetem.

Na tabela "Livro", o campo "Código_Livro" será a chave primária e cada vez que for incluído um lançamento novo, será adicionado um novo identificador único.

| Livro | | |
|---|---|---|
| Código_Livro (PK) | Nome_Livro | Páginas |
| 1 | Violeta Azul | 150 |
| 2 | Janela Secreta | 200 |
| 3 | O Segredo | 400 |

Note que foram cadastrados três livros com códigos diferentes e suas chaves primárias são respectivamente: 1, 2 e 3.

As chaves primárias também podem ser compostas por vários campos, poderíamos incluir na composição da chave primária os campos "Código_Livro" e "Edição", tornando essa chave composta.

A tabela "Livro" ficaria da seguinte maneira:

| Livro |
| :---: |
| Código_Livro (PK) |
| Edição (PK) |
| Nome_Livro |
| Páginas |

Agora a chave primária será constituída dos campos "Código_Livro" mais o campo "Edição", assim os lançamentos poderiam ficar da seguinte forma:

| Livro | | | |
| :---: | :---: | :---: | :---: |
| Código_Livro (PK) | Edição (PK) | Nome_Livro | Páginas |
| 1 | 1 | Violeta Azul | 150 |
| 1 | 2 | Violeta Azul | 200 |
| 2 | 1 | O Segredo | 400 |

Foram cadastrados dois livros diferentes, o livro "Violeta Azul" foi cadastrado com duas edições diferentes. Portanto permitindo repetir o código do livro, uma vez que as chaves primárias seriam: 1 e 1; 1 e 2; e 2 e 1.

## Chave Estrangeira – Foreign Key

A chave estrangeira (fk) é um campo contendo a chave primária de outra tabela. Ou seja, ela está incluída em outra tabela como chave estrangeira e em sua tabela como a chave principal, fazendo a ligação entre ambas as tabelas.

Vamos criar a tabela "Editora":

| Editora |
| --- |
| Código_Editora (PK) |
| Nome_Editora |
| Telefone_Editora |

Da mesma maneira que a tabela "Livros", a tabela "Editora" possui seus campos e a chave primária de nome "Código_Editora".

Agora, se o campo "Código_Editora" existir em outra tabela, ele será chamado de chave estrangeira.

Imagine incluir na tabela "Livro" o campo "Código_Editora", para associar as informações da tabela "Editora".

| Livro |
| --- |
| Código_Livro (PK) |
| Nome_Livro |
| Edição |
| Código_Editora (FK) |
| Páginas |

A cada inclusão ou atualização na tabela "Livro", ao associar a editora, o campo "Código_Editora" deverá conter um valor igual ao campo "Código_Editora" na tabela "Editora".

Se não houver o banco de dados deverá criticar, informando que o código não existe.

Imagine incluir dois lançamentos na tabela "Editora":

| Editora | | |
|---|---|---|
| Código_Editora (PK) | Nome_Editora | Telefone_Editora |
| 10 | Universal | 9999-99990 |
| 11 | Ferreira | 9999-99999 |

Agora podemos associar na tabela "Livro" as chaves estrangeiras, no campo "Código_Editora".

| Livro | | | | |
|---|---|---|---|---|
| Código_Livro (PK) | Nome_Livro | Edição | Código_Editora | Páginas |
| 1 | Violeta Azul | 1 | 10 | 150 |
| 2 | Janela Secreta | 1 | 11 | 200 |
| 3 | O Segredo | 2 | 10 | 400 |

Desta forma, como associamos a editora ao livro, quando consultarmos os livros poderemos saber qual é a editora responsável por cada um deles.

Outro modelo seria criar tabelas virtuais, conhecidas como views (falaremos mais para frente sobre), incluindo ou alterando diretamente os valores nessas tabelas, o que automaticamente fará com que as tabelas envolvidas sejam atualizadas.

Agora que entendemos como são as estruturas básicas das tabelas e campos, vamos avançar para as instruções no banco de dados.

# Capítulo 3

Todo banco de dados, deverá ter um dicionário de dados, onde são organizadas as tabelas e suas descrições, para que facilite a busca pelos seus relacionamentos.

Vejamos como ficaria a tabela "Livro":

| Descrição | | | | | |
|---|---|---|---|---|---|
| Tabela | Livro | | | | |
| Nome no BD | T_LIVRO | | | | |
| Campos | | | | | |
| Nome no BD | Descrição | Tipo | Tamanho | Permite Nulo | Valor Padrão |
| COD_LIVRO | Código_Livro (PK) | Number | 10 | Não | 0 |
| NOME_LIVRO | Nome_Livro | Varchar2 | 255 | Não | |
| EDICAO | Edição | Number | 10 | Não | 0 |
| COD_AUTOR | Código_Autor (FK) | Number | 10 | Não | 0 |
| COD_EDITORA | Código_Editora (FK) | Number | 10 | Sim | 0 |
| PAGINAS | Páginas | Number | 10 | Não | 0 |

Todas as tabelas deverão ter um nome no banco de dados e um apelido, nome de instância referenciando a mesma no dicionário de dados.

A tabela "Livro" é identificada no banco de dados pelo código "T_LIVRO".

Da mesma forma acontece com o campo "Código_Livro", identificado no banco de dados como "COD_LIVRO".

Esse campo é do tipo numérico, ou seja, só aceita números inteiros em sua composição e com o máximo de 10 caracteres, chegando ao máximo no número 9.999.999.999.

Ao executar um novo lançamento na tabela esse número deverá ser preenchido, pois não aceita ser vazio, nulo. Se pudesse permitir nulo, o valor padrão seria "0".

Agora vejamos as outras duas tabelas: "Autor" e "Editora".

| Descrição | | | | | |
|---|---|---|---|---|---|
| Tabela | Autor | | | | |
| Nome no BD | T_AUTOR | | | | |
| Campos | | | | | |
| Nome no BD | Descrição | Tipo | Tamanho | Permite Nulo | Valor Padrão |
| COD_AUTOR | Código_Autor (PK) | Number | 10 | Não | 0 |
| NOME_AUTOR | Nome_Autor | Varchar2 | 255 | Não | |
| TEL_AUTOR | Telefone_Autor | Varchar2 | 13 | Sim | |

| Descrição Tabela Editora | | | | | |
|---|---|---|---|---|---|
| Nome no BD | T_EDITORA | | | | |
| | | Campos | | | |
| | | | | Permite | Valor |
| Nome no BD | Descrição | Tipo | Tamanho | Nulo | Padrão |
| COD_EDITORA | Código_Editora (PK) | Number | 10 | Não | 0 |
| NOME_EDITORA | Nome_Editora | Varchar2 | 255 | Não | |
| TEL_EDITORA | Telefone_Editora | Varchar2 | 13 | Sim | |

Da mesma forma deverá haver um local onde sejam explicitadas as ligações entre as tabelas.

| Ligações com a tabela Livro | | | |
|---|---|---|---|
| Tabela | Nome | Campo Local | Campo Tabela Destino |
| Autor | T_AUTOR | COD_AUTOR | COD_AUTOR |
| Editora | T_EDITORA | COD_EDITORA | COD_EDITORA |

A ligação também deverá ser feita no próprio diagrama, através de um fluxo, correlacionando o campo na tabela de origem com o mesmo campo na tabela de destino.

Na tabela "Livro", o relacionamento com a tabela "Autor" será através do campo "COD_AUTOR".

Esse campo tem o mesmo nome em ambas as tabelas, da mesma forma a sua ligação com a tabela "Editora", através do campo "COD_EDITORA".

Agora, imagine que fosse diferente, que o campo "COD_AUTOR" na tabela "Autor" se chamasse "C_AUT", ficaria da seguinte forma:

| Autor | |
|---|---|
| Nome no BD | Descrição |
| C_AUT | Código_Autor (PK) |

O relacionamento entre a tabela "Livro" e "Autor" ficaria:

| Ligações | | | |
|---|---|---|---|
| Descrição Tabela | Nome no BD | Campo Tabela Local | Campo Tabela Ligação |
| Autor | T_AUTOR | COD_AUTOR | C_AUT |

No diagrama ficaria:

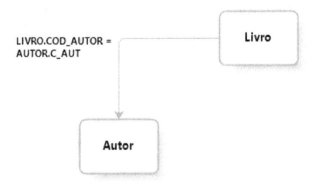

LIVRO.COD_AUTOR = AUTOR.C_AUT

Livro

Autor

Esse entendimento de estrutura das tabelas será crucial para o nosso próximo passo, a execução das queries.

No SQL existem diversos comandos, os principais são:

- ✓ Create;
- ✓ Alter;
- ✓ Drop;
- ✓ Select;
- ✓ Insert;
- ✓ Update;
- ✓ Delete.

## Create

O comando "Create" é utilizado para a criação das tabelas no banco de dados.

É a primeira etapa da estrutura de tabelas.

Sua estrutura é:

```
CREATE TABLE <nome>
(
<campo>     <tipo>,
<campo>     <tipo>,
<campo>     <tipo>
);
```

Vamos criar a tabela "Livro", da seguinte forma:

```
CREATE TABLE T_LIVRO
(
COD_LIVRO NUMBER PRIMARY KEY,
NOME_LIVRO VARCHAR2(100) NOT NULL,
EDICAO NUMBER NOT NULL,
COD_AUTOR NUMBER NOT NULL,
COD_EDITORA NUMBER,
PAGINAS NUMBER
);
```

Se quisermos que a chave primária seja incrementada automaticamente a cada inserção, podemos utilizar o comando AUTOINCREMENT, ficando da seguinte forma:

```
COD_LIVRO NUMBER GENERATED ALWAYS AS IDENTITY
PRIMARY KEY
```

Como as tabelas "Autor" e "Editora" não foram criadas ainda, não podemos fazer os relacionamentos entre elas, mas posteriormente, o comando para criar as ligações seria:

```
CONSTRAINT FK_COD_AUTOR FOREIGN KEY (COD_AUTOR)
REFERENCES AUTOR (COD_AUTOR)
```

O termo CONSTRAINT são as restrições que podem ser incluídas nas tabelas.

Vamos criar as tabelas:

"Autor":

```
CREATE TABLE T_AUTOR
```

```
(
COD_AUTOR NUMBER PRIMARY KEY,
NOME_AUTOR VARCHAR2(100) NOT NULL,
TEL_AUTOR VARCHAR2(13)
);
```

"Editora":

```
CREATE TABLE T_EDITORA
(
COD_EDITORA NUMBER PRIMARY KEY,
NOME_EDITORA VARCHAR2(100) NOT NULL,
TEL_EDITORA VARCHAR2(13)
);
```

O ideal é que sejam criadas as tabelas da ponta "N" primeiro e depois sejam criadas as tabelas da ponta "1", para facilitar os relacionamentos. Deveriam ser criadas as tabelas "Autor" e "Editora" para somente então criar a tabela "Livro" e a query de sua criação ficaria da seguinte forma:

```
CREATE TABLE T_LIVRO
(
COD_LIVRO NUMBER GENERATED ALWAYS AS IDENTITY
PRIMARY KEY,
NOME_LIVRO VARCHAR2(100) NOT NULL,
EDICAO NUMBER NOT NULL,
COD_AUTOR NUMBER NOT NULL,
COD_EDITORA NUMBER,
PAGINAS NUMBER,
```

```
CONSTRAINT FK_COD_AUTOR FOREIGN KEY (COD_AUTOR)
REFERENCES T_AUTOR (COD_AUTOR),
CONSTRAINT FK_COD_EDITORA FOREIGN KEY (COD_EDITORA)
REFERENCES T_EDITORA (COD_EDITORA)
);
```

Dessa forma já teríamos incluído as duas chaves estrangeiras. De qualquer forma poderemos utilizar a próxima instrução, o "Alter".

### Alter

A instrução "Alter" é utilizada para realizar alterações nas tabelas.

Sua estrutura é:

```
ALTER TABLE    <tabela>
ADD/DROP/MODIFY/RENAME...TO/DISABLE   <campo/tabela>
<tipo>
```

No exemplo anterior, se não tivéssemos criado as ligações das chaves estrangeiras na tabela "Livro", poderíamos fazer assim:

```
ALTER TABLE T_LIVRO
ADD CONSTRAINT FK_COD_AUTOR FOREIGN KEY (COD_AUTOR)
REFERENCES T_AUTOR (COD_AUTOR);
```

```
ALTER TABLE T_LIVRO
ADD CONSTRAINT FK_COD_EDITORA FOREIGN KEY
(COD_EDITORA) REFERENCES T_EDITORA (COD_EDITORA);
```

Os campos, tabelas e constraints também podem ser atualizadas através dos comandos abaixo:

Adicionar nova constraint:

```
ALTER TABLE T_LIVRO
ADD CONSTRAINT FK_COD_AUTOR;
```

Desabilitar a chave primária, de duas formas:

```
ALTER TABLE T_LIVRO
DISABLE PRIMARY KEY;
```

```
ALTER TABLE T_LIVRO
MODIFY PRIMARY KEY DISABLE;
```

Da mesma forma para desabilitar uma chave estrangeira:

```
ALTER TABLE T_LIVRO
DISABLE CONSTRAINT FK_COD_AUTOR;
```

Mudando de DISABLE para ENABLE, habilitará novamente as chaves.

Desabilitar a chave primária na tabela e em todas as demais em que ela esteja presente como chave estrangeira:

```
ALTER TABLE T_LIVRO
DISABLE PRIMARY KEY CASCADE;
```

Apagar um campo:

```
ALTER TABLE T_LIVRO
DROP COLUMN EDICAO;
```

**Incluir um campo:**

```
ALTER TABLE T_LIVRO
ADD EDICAO NUMBER NOT NULL;
```

**Incluir vários campos:**

```
ALTER TABLE T_LIVRO
ADD (PRECO NUMBER, DATA_LANCAMENTO DATE);
```

**Alterar as características de um campo:**

```
ALTER TABLE T_LIVRO
MODIFY EDICAO VARCHAR2(10) DEFAULT '01';
```

**Alterar vários campos:**

```
ALTER TABLE T_LIVRO
MODIFY (
EDICAO VARCHAR2(10) DEFAULT '01',
PAGINAS VARCHAR2(5)
);
```

**Renomear um campo:**

```
ALTER TABLE T_LIVRO
RENAME COLUMN EDICAO TO EDICAO_ESPECIAL;
```

Renomear tabela:

```
ALTER TABLE T_LIVRO
RENAME TO TABELA_LIVRO;
```

Deletar constraint:

```
ALTER TABLE T_LIVRO
DROP CONSTRAINT FK_COD_AUTOR;
```

Deletar um campo:

```
ALTER TABLE T_LIVRO
DROP COLUMN EDICAO;
```

Deletar vários campos:

```
ALTER TABLE T_LIVRO
DROP (PRECO, DATA_LANCAMENTO);
```

**Drop**

O comando "Drop" serve para apagar não somente dados, mas uma tabela inteira.

Ele deve ser utilizado com muito cuidado para não perder dados importantes.

Sua estrutura é:

```
DROP TABLE    <nome>;
```

Apagar uma tabela:

```
DROP TABLE T_LIVRO;
```

Reforçando que somente devemos apagar uma tabela em último caso, pois podemos perder as informações armazenadas nela.

## Insert

A instrução "Insert" serve para incluir dados nas tabelas.

Sua estrutura é:

```
INSERT INTO    <tabela>     (<campos>)
VALUES         (<dados>)
```

Imagine incluir dados na tabela "Autor":

```
INSERT INTO T_AUTOR (COD_AUTOR, NOME_AUTOR,
TEL_AUTOR)
VALUES (100, 'José Campos', '9999-99999');
```

| COD_AUTOR | NOME_AUTOR | TEL_AUTOR |
|-----------|------------|-----------|
| 100 | José Campos | 9999-99999 |

Inserir vários dados na tabela "Autor".

Individualmente, o primeiro:

```
INSERT INTO T_AUTOR (COD_AUTOR, NOME_AUTOR,
TEL_AUTOR)
VALUES (101, 'Felipe Ferreira', '9999-99999');
```

**O segundo:**

```
INSERT INTO T_AUTOR (COD_AUTOR, NOME_AUTOR,
TEL_AUTOR)
VALUES (102, 'Lourdes Furtado', '9999-99999');
```

**Ou, em lote:**

```
INSERT ALL
INTO T_AUTOR (COD_AUTOR, NOME_AUTOR, TEL_AUTOR)
VALUES (101, 'Felipe Ferreira', '9999-99999')
INTO T_AUTOR (COD_AUTOR, NOME_AUTOR, TEL_AUTOR)
VALUES (102, 'Lourdes Furtado', '9999-99999')
SELECT 1 FROM DUAL;
```

| COD_AUTOR | NOME_AUTOR | TEL_AUTOR |
|-----------|------------|-----------|
| 101 | Felipe Ferreira | 9999-99999 |
| 102 | Lourdes Furtado | 9999-99999 |

Da mesma forma na tabela "Editora":

```
INSERT INTO T_EDITORA (COD_EDITORA, NOME_EDITORA,
TEL_EDITORA)
VALUES (10, 'Ecos', '9999-99999'), (20, 'Quantum', '9999-
99999');
```

| COD_EDITORA | NOME_EDITORA | TEL_EDITORA |
|-------------|--------------|-------------|
| 10 | Ecos | 9999-99999 |

| 20 | Quantum | 9999-99999 |

E na tabela "Livro":

```
INSERT INTO T_LIVRO (COD_LIVRO, NOME_LIVRO, EDICAO,
COD_AUTOR, COD_EDITORA, PAGINAS)
VALUES (1, 'Violeta Azul', 1, 100, 10, 150), (2, 'Janela Secreta', 1,
100, 20, 200), (3, 'O Segredo', 1, 102, 10, 400);
```

| COD_LIVRO | NOME_LIVRO | EDICAO | COD_AUTOR | COD_EDITORA | PAGINAS |
|-----------|------------|--------|-----------|-------------|---------|
| 1 | Violeta Azul | 1 | 100 | 10 | 150 |
| 2 | Janela Secreta | 1 | 100 | 20 | 200 |
| 3 | O Segredo | 1 | 102 | 10 | 400 |

Outra opção de inserção é através da busca de dados em outras tabelas ou até mesmo na mesma tabela, utilizando mesclado o "Insert" e o "Select".

Vejamos como seria a inclusão da segunda edição do livro "Violeta Azul", aproveitando os dados da primeira edição do livro, para não precisar cadastrar todas as informações novamente:

```
INSERT INTO T_LIVRO (COD_LIVRO, NOME_LIVRO, EDICAO,
COD_AUTOR, COD_EDITORA, PAGINAS)
SELECT
(SELECT MAX(COD_LIVRO)+1 FROM T_LIVRO)
, NOME_LIVRO, EDICAO+1, COD_AUTOR, COD_EDITORA, 210
FROM T_LIVRO
WHERE COD_LIVRO = 1
GROUP BY NOME_LIVRO, EDICAO+1, COD_AUTOR,
COD_EDITORA, 210;
```

| COD_LIVRO | NOME_LIVRO | EDICAO | COD_AUTOR | COD_EDITORA | PAGINAS |
|-----------|------------|--------|-----------|-------------|---------|
| 4 | Violeta Azul | 2 | 100 | 10 | 210 |

## Select

A principal e mais usual expressão de um banco de dados é a consulta das informações, todas são feitas através do "Select".

Sua estrutura é:

```
SELECT      <campos>
FROM        <tabela>
JOIN        <tabela>
WHERE       <condição>
GROUP BY    <campos>
HAVING      <condição>
ORDER BY    <campos>
```

Vejamos algumas maneiras:

Buscar todos os dados inseridos na tabela "Livro":

```
SELECT  *
FROM T_LIVRO;
```

| COD_LIVRO | NOME_LIVRO | EDICAO | COD_AUTOR | COD_EDITORA | PAGINAS |
|-----------|------------|--------|-----------|-------------|---------|
| 1 | Violeta Azul | 1 | 100 | 10 | 150 |
| 2 | Janela Secreta | 1 | 100 | 20 | 200 |
| 3 | O Segredo | 1 | 102 | 10 | 400 |

38

Buscar todos os nomes de livros da tabela "Livro":

```
SELECT NOME_LIVRO
FROM T_LIVRO;
```

| NOME_LIVRO |
|---|
| Violeta Azul |
| Janela Secreta |
| O Segredo |

Buscar todos os códigos e nomes de livros da tabela "Livro":

```
SELECT COD_LIVRO, NOME_LIVRO
FROM T_LIVRO;
```

| COD_LIVRO | NOME_LIVRO |
|---|---|
| 1 | Violeta Azul |
| 2 | Janela Secreta |
| 3 | O Segredo |

Buscar todos os dados inseridos na tabela "Livro", colocando um apelido, "alias" na tabela, de três maneiras diferentes:

```
SELECT tabela_livro.*
FROM T_LIVRO tabela_livro;

SELECT tabela_livro.*
FROM T_LIVRO AS tabela_livro;

SELECT tabela_livro.*
FROM T_LIVRO 'tabela_livro';
```

| COD_LIVRO | NOME_LIVRO | EDICAO | COD_AUTOR | COD_EDITORA | PAGINAS |
|---|---|---|---|---|---|
| 1 | Violeta Azul | 1 | 100 | 10 | 150 |
| 2 | Janela Secreta | 1 | 100 | 20 | 200 |
| 3 | O Segredo | 1 | 102 | 10 | 400 |

Juntar dados das tabelas "Livro" e "Autor", buscando o autor dos livros:

```
SELECT T_LIVRO.*, T_AUTOR.NOME_AUTOR
FROM T_LIVRO, T_AUTOR
WHERE T_LIVRO.COD_AUTOR = T_AUTOR.COD_AUTOR;
```

| COD_LIVRO | NOME_LIVRO | EDICAO | COD_AUTOR | COD_EDITORA | PAGINAS | NOME_AUTOR |
|---|---|---|---|---|---|---|
| 1 | Violeta Azul | 1 | 100 | 10 | 150 | José Campos |
| 2 | Janela Secreta | 1 | 100 | 20 | 200 | José Campos |
| 3 | O Segredo | 1 | 102 | 10 | 400 | Lourdes Furtado |

Vamos aprofundar nesse código:

Buscar o que?                                        SELECT
Todos os dados da tabela "Livro":           T_LIVRO.*,
Nome do autor da tabela "Autor":
    T_AUTOR.NOME_AUTOR
De onde?                                             FROM
Da tabela "Livro":                              T_LIVRO,
E da tabela "Autor":                          T_AUTOR
Com qual condição?                         WHERE
Campo COD_AUTOR da tabela "Livro":
    T_LIVRO.COD_AUTOR
Condição? "seja igual":                        =

Campo COD_AUTOR da tabela "Autor":
    T_AUTOR.COD_AUTOR

Outra forma de juntar tabelas seria através do uso do "Join", que deixa o código um pouco mais otimizado e limpo.

Join são junções que combinam duas ou mais tabelas, comparando as colunas.

Se for verdadeira a condição aparecem os dados da consulta:

Inner Join / Join

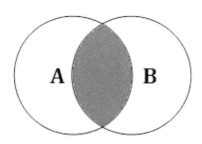

SELECT T_LIVRO.*, T_AUTOR.NOME_AUTOR
FROM T_LIVRO INNER JOIN T_AUTOR ON T_LIVRO.COD_AUTOR
= T_AUTOR.COD_AUTOR;

| COD_LIVRO | NOME_LIVRO | EDICAO | COD_AUTOR | COD_EDITORA | PAGINAS | NOME_AUTOR |
|---|---|---|---|---|---|---|
| 1 | Violeta Azul | 1 | 100 | 10 | 150 | José Campos |
| 2 | Janela Secreta | 1 | 100 | 20 | 200 | José Campos |
| 3 | O Segredo | 1 | 102 | 10 | 400 | Lourdes Furtado |

Vamos aprofundar nesse código:

| | |
|---|---|
| Buscar o que? | SELECT |
| Todos os dados da tabela "Livro": | T_LIVRO.*, |
| Nome do autor da tabela "Autor": | T_AUTOR.NOME_AUTOR |
| De onde? | FROM |
| Da tabela "Livro": | T_LIVRO, |
| Com qual ligação? | INNER JOIN |
| E da tabela "Autor": | T_AUTOR |
| Com qual condição? | ON |
| Campo COD_AUTOR da tabela "Livro": | T_LIVRO.COD_AUTOR |
| Condição? "seja igual": | = |
| Campo COD_AUTOR da tabela "Autor": | T_AUTOR.COD_AUTOR |

Se analisarmos, o INNER JOIN junto com o ON substituem o WHERE, os dois significam "com qual ligação e condição" você deseja buscar os dados das tabelas.

Se o código da chave estrangeira COD_AUTOR na tabela "Livros" for igual ao código da chave primária COD_AUTOR na tabela "Autor", será identificado quem foi o autor do livro, agora basta buscar o nome do autor que está registrado na tabela "Autor".

Ou seja, tanto a utilização do WHERE como do INNER JOIN, o resultado trará somente os autores que estiverem com um livro registrado, os autores sem livros não atendem a condição, pois não existirão seus códigos na tabela de "Livro", somente na tabela "Autor".

Entender essa ligação entre as tabelas é de extrema importância, vou tentar explanar de outras formas. Vejamos de duas maneiras diferentes, como é feita a ligação.

Sempre que houver um relacionamento entre duas ou mais tabelas, deverá existir um campo em cada uma delas e que possua o mesmo valor, um fazendo referência ao outro.

Em nosso exemplo o campo é código do autor "COD_AUTOR".

Como mencionei anteriormente, é muito comum que esses campos possuam o mesmo nome em cada uma das tabelas, para facilitar a identificação, mas não é regra.

O campo na tabela "Livro" poderia se chamar ID_AUTOR e o campo na tabela "Autor" poderia se chamar COD_AUTOR.

Temos de lembrar que sempre esse campo será a chave estrangeira em uma tabela e chave primária na sua tabela de origem. Nesse caso o campo código autor na tabela "Livro" é um campo importado da tabela "Autor", portanto é uma chave estrangeira.

Outra maneira de identificarmos é quando o campo não tiver qualquer relação com a tabela em questão, que normalmente é uma chave estrangeira.

Se abrirmos os campos das tabelas T_LIVRO e T_AUTOR, imaginando de forma bem simplificada, que houvesse apenas dois campos em cada uma, teríamos o seguinte:

A tabela T_LIVRO possui sua chave primária (pk) "COD_LIVRO" e a chave estrangeira (fk) "COD_AUTOR", um campo de ligação originado de outra tabela.

A tabela T_AUTOR possui sua chave primária (pk) "COD_AUTOR" e não possui chave estrangeira e também possui o campo "NOME_AUTOR" onde é armazenado o nome do autor.

Esses campos normalmente são códigos, mas também poderiam ser letras e nunca se repetem.

Quando eu cadastro um livro preciso associar o código do seu autor, para que ele o identifique na tabela livros.

O código é o campo de referência, a ID, que individualiza os cadastros e faz o papel de ligar as tabelas, fazendo com que haja a rastreabilidade e integridade das informações. Sem essas regras não haveria banco de dados relacional.

Desse modo, se buscamos o código onde está registrado o autor do livro nas duas tabelas, conseguimos saber quais livros ele escreveu através da tabela "Livros" e quais as informações do autor através da tabela "Autor".

Esse tipo de consulta funciona para todas as ligações no banco de dados. O mesmo ocorre no relacionamento com a tabela "Editora".

O campo COD_EDITORA está presente nas duas tabelas, "Livro" e "Editora", estabelecendo a conexão entre elas.

A relação dos campos fica evidente na imagem abaixo, onde o campo COD_EDITORA é uma chave estrangeira na tabela "Livro" e uma chave primária na tabela "Editora".

Dessa forma, sempre que buscarmos a relação do livro com a editora, devemos associar os campos "T_LIVRO.COD_EDITORA" com "T_EDITORA.COD_EDITORA".

O uso do JOIN ainda permite mais algumas condições interessantes, duas são muito utilizadas:

LEFT JOIN e RIGHT JOIN.

Como funcionam?

## Left Join / Left Outer Join

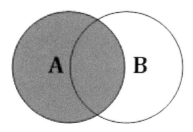

No LEFT JOIN o resultado seria trazer todos os livros (que é a tabela da esquerda, antes do ON) e somente os autores que tivessem relacionados a esses livros, autores sem livros ficariam fora do resultado.

```
SELECT T_LIVRO.*, T_AUTOR.COD_AUTOR,
T_AUTOR.NOME_AUTOR
FROM T_LIVRO LEFT JOIN T_AUTOR ON T_LIVRO.COD_AUTOR =
T_AUTOR.COD_AUTOR;
```

| COD_LIVRO | NOME_LIVRO | EDICAO | COD_AUTOR | COD_EDITORA | PAGINAS | COD_AUTOR | NOME_AUTOR |
|---|---|---|---|---|---|---|---|
| 1 | Violeta Azul | 1 | 100 | 10 | 150 | 100 | José Campos |
| 2 | Janela Secreta | 1 | 100 | 20 | 200 | 100 | José Campos |
| 3 | O Segredo | 1 | 102 | 10 | 400 | 102 | Lourdes Furtado |

Como em nossa regra todos os livros devem possuir seus autores já no cadastro, a expressão funcionaria igual ao INNER JOIN, trazendo somente os livros com autores.

Mas se pudéssemos cadastrar os livros sem vincular os autores ou editora no momento do cadastro, o LEFT JOIN funcionaria da forma adequada.

Vamos imaginar que houvesse um 4º livro, mas sem estar com um autor vinculado, o resultado seria:

| COD_LIVRO | NOME_LIVRO | EDICAO | COD_AUTOR | COD_EDITORA | PAGINAS | COD_AUTOR | NOME_AUTOR |
|---|---|---|---|---|---|---|---|
| 1 | Violeta Azul | 1 | 100 | 10 | 150 | 100 | José Campos |
| 2 | Janela Secreta | 1 | 100 | 20 | 200 | 100 | José Campos |
| 3 | O Segredo | 1 | 102 | 10 | 400 | 102 | Lourdes Furtado |
| 4 | Jardim Encantado | 1 | | | 210 | | |

## Left Excluding Join

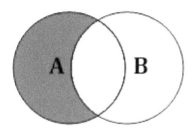

No LEFT excluding JOIN, os da esquerda sem os da direita, sairia exatamente o livro que não possui um autor vinculado:

```
SELECT T_LIVRO.*, T_AUTOR.COD_AUTOR,
T_AUTOR.NOME_AUTOR
FROM T_LIVRO LEFT JOIN T_AUTOR ON T_LIVRO.COD_AUTOR =
T_AUTOR.COD_AUTOR
WHERE T_AUTOR.COD_AUTOR IS NULL;
```

| COD_LIVRO | NOME_LIVRO | EDICA O | COD_AUTO R | COD_EDITO RA | PAGINA S | COD_AUTO R | NOME_AUTO R |
|---|---|---|---|---|---|---|---|
| 4 | Jardim Encantado | 1 | | | 210 | | |

## Right Join / Right Outer Join

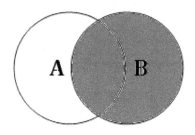

No RIGHT JOIN o resultado seria trazer todos os autores (que é a tabela da direita, depois do ON) e todos os livros que tiveram seus autores relacionados..

SELECT T_LIVRO.*, T_AUTOR.COD_AUTOR,
T_AUTOR.NOME_AUTOR
FROM T_LIVRO RIGHT JOIN T_AUTOR ON T_LIVRO.COD_AUTOR
= T_AUTOR.COD_AUTOR;

| COD_LIVRO | NOME_LIVRO | EDICAO | COD_AUTOR | COD_EDITORA | PAGINAS | COD_AUTOR | NOME_AUTOR |
|---|---|---|---|---|---|---|---|
| 1 | Violeta Azul | 1 | 100 | 10 | 150 | 100 | José Campos |
| 2 | Janela Secreta | 1 | 100 | 20 | 200 | 100 | José Campos |
| | | | | | | 101 | Felipe Ferreira |
| 3 | O Segredo | 1 | 102 | 10 | 400 | 102 | Lourdes Furtado |

## Right Excluding Join

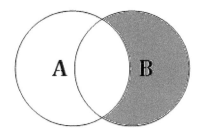

No RIGHT excluding JOIN, os da direita sem os da esquerda, o resultado seria trazer todos os autores que não possuem livros vinculados:

| COD_LIVRO | NOME_LIVRO | EDICAO | COD_AUTOR | COD_EDITORA | PAGINAS | COD_AUTOR | NOME_AUTOR |
|-----------|------------|--------|-----------|-------------|---------|-----------|------------|
|           |            |        |           |             |         | 101       | Felipe Ferreira |

## Full Join / Full Outer Join

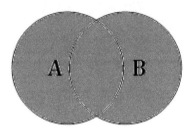

No FULL OUTER JOIN todos os campos de ambas as tabelas, tanto os autores quanto os livros, serão exibidos, independente de terem ou não uma ligação:

| COD_LIVRO | NOME_LIVRO | EDICAO | COD_AUTOR | COD_EDITORA | PAGINAS | COD_AUTOR | NOME_AUTOR |
|---|---|---|---|---|---|---|---|
| 1 | Violeta Azul | 1 | 100 | 10 | 150 | 100 | José Campos |
| 2 | Janela Secreta | 1 | 100 | 20 | 200 | 100 | José Campos |
| | | | | | | 101 | Felipe Ferreira |
| 3 | O Segredo | 1 | 102 | 10 | 400 | 102 | Lourdes Furtado |
| 4 | Jardim Encantado | 1 | | | 210 | | |

Outer Excluding Join

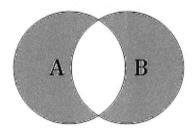

No OUTER excluding JOIN, somente os não relacionados em ambas as tabelas, serão exibidos:

SELECT T_LIVRO.*, T_AUTOR.COD_AUTOR,
T_AUTOR.NOME_AUTOR
FROM T_LIVRO FULL OUTER JOIN T_AUTOR ON
T_LIVRO.COD_AUTOR = T_AUTOR.COD_AUTOR
WHERE T_LIVRO.COD_AUTOR IS NULL OR
T_AUTOR.COD_AUTOR IS NULL;

| COD_LIVRO | NOME_LIVRO | EDICAO | COD_AUTOR | COD_EDITORA | PAGINAS | COD_AUTOR | NOME_AUTOR |
|---|---|---|---|---|---|---|---|
| | | | | | | 101 | Felipe Ferreira |
| 4 | Jardim Encantado | 1 | | | 210 | | |

Agora imagine que queiramos saber a quantidade de livros de um determinado autor:

52

```
SELECT T_AUTOR.NOME_AUTOR, COUNT(T_LIVRO.COD_AUTOR)
QTDE_LIVROS
FROM T_LIVRO INNER JOIN T_AUTOR ON T_LIVRO.COD_AUTOR
= T_AUTOR.COD_AUTOR
GROUP BY T_AUTOR.NOME_AUTOR;
```

| NOME_AUTOR | QTDE_LIVROS |
|---|---|
| José Campos | 2 |
| Lourdes Furtado | 1 |

Observe que utilizamos a expressão de agrupamento COUNT, que conta exatamente a quantidade de vezes que um valor apareceu.

## Group By

Quando utilizamos expressões de agrupamento e existirem outros campos que não estão com essas expressões na consulta, devemos utilizar o GROUP BY.

As principais expressões de agrupamento são:

Count - Conta a quantidade de vezes que o campo selecionado aparece;
Sum - Soma os valores do campo selecionado;
Max - Busca entre todos os valores no campo selecionado, o maior deles;
Min - Busca entre todos os valores no campo selecionado, o menor deles;
Avg - Busca entre todos os valores no campo selecionado, a média deles.

Poderíamos buscar os livros com menores e maiores páginas, a média e o total de páginas escritas em todos os livros.

Obs: A regra é: todo campo na query que não esteja com uma função de agrupamento, deve ser incluído no GROUP BY.

```
SELECT T_AUTOR.NOME_AUTOR,
MAX(T_LIVRO.PAGINAS) MAXIMO,
MIN(T_LIVRO.PAGINAS) MINIMO,
AVG(T_LIVRO.PAGINAS) MEDIA,
SUM(T_LIVRO.PAGINAS) TOTAL_PAGINAS
FROM T_LIVRO INNER JOIN T_AUTOR ON T_LIVRO.COD_AUTOR
= T_AUTOR.COD_AUTOR
GROUP BY T_AUTOR.NOME_AUTOR;
```

| NOME_AUTOR | MAXIMO | MINIMO | MEDIA | TOTAL_PAGINAS |
|---|---|---|---|---|
| José Campos | 200 | 150 | 175 | 350 |
| Lourdes Furtado | 400 | 400 | 400 | 400 |

Além de agrupá-los, podemos também criar condições como trazer apenas os autores que escreveram um total de pelo menos 400 páginas, utilizando a condição HAVING:

```
SELECT T_AUTOR.NOME_AUTOR, SUM(T_LIVRO.PAGINAS)
FROM T_LIVRO INNER JOIN T_AUTOR ON T_LIVRO.COD_AUTOR
= T_AUTOR.COD_AUTOR
GROUP BY T_AUTOR.NOME_AUTOR
HAVING SUM(T_LIVRO.PAGINAS) >= 400;
```

| NOME_AUTOR | SUM(T_LIVRO.PAGINAS) |
|---|---|
| Lourdes Furtado | 400 |

As colunas também podem ter nomes diferentes para facilitar a visualização dos dados:

```
SELECT              T_AUTOR.NOME_AUTOR              "Autor",
SUM(T_LIVRO.PAGINAS) "Total Páginas"
FROM T_LIVRO INNER JOIN T_AUTOR ON T_LIVRO.COD_AUTOR
= T_AUTOR.COD_AUTOR
GROUP BY T_AUTOR.NOME_AUTOR
HAVING SUM(T_LIVRO.PAGINAS) >= 400;
```

| Autor | Total Páginas |
|---|---|
| Lourdes Furtado | 400 |

Order By

Por último, podemos organizar o nosso resultado do jeito que imaginarmos, como listar todos os autores com mais de 200 páginas por ordem alfabética, utilizando a expressão ORDER BY:

```
SELECT     T_AUTOR.NOME_AUTOR,     SUM(T_LIVRO.PAGINAS)
TOTAL_PAGINAS
FROM T_LIVRO INNER JOIN T_AUTOR ON T_LIVRO.COD_AUTOR
= T_AUTOR.COD_AUTOR
GROUP BY T_AUTOR.NOME_AUTOR
HAVING SUM(T_LIVRO.PAGINAS) > 200
ORDER BY T_AUTOR.NOME_AUTOR ASC;
```

| NOME_AUTOR | TOTAL_PAGINAS |
|---|---|
| José Campos | 350 |
| Lourdes Furtado | 400 |

## Asc / Desc

Ao final do ORDER BY, podemos organizar de forma crescente ASC ou decrescente DESC.

Em resumo, eu costumo ler todos os comandos quando escrevo as queries da seguinte maneira:

| SELECT | selecionar | (o que / quais campos) |
|---|---|---|
| FROM | de onde | (de qual lugar / em quais tabelas) |
| INNER JOIN | juntando | (qual tabela) |
| ON | em | (quais campos) |
| WHERE | onde | (quais condições) |

>;<;=;<>;>=;<=;in;not in;and;or; etc)

| GROUP BY | agrupando por | (quais campos) |
|---|---|---|
| HAVING | agrupamento tendo | (quais condições) |
| ORDER BY | ordernando por | (quais campos) |

## Subselect como Campo

Outra maneira de buscar entre as tabelas com a possibilidade de criar consultas compostas por mais de um select, é conhecida como subselect.

Imagine que busquemos o autor, a quantidade de livros e o total de páginas que ele criou, buscando apenas pela tabela "Autor".

```
SELECT T_AUTOR.NOME_AUTOR,

(SELECT COUNT(T_LIVRO.COD_LIVRO)
FROM T_LIVRO WHERE T_LIVRO.COD_AUTOR =
T_AUTOR.COD_AUTOR) LIVROS,

(SELECT SUM(T_LIVRO.PAGINAS)
FROM T_LIVRO WHERE T_LIVRO.COD_AUTOR =
T_AUTOR.COD_AUTOR) PAGINAS

FROM T_AUTOR;
```

| NOME_AUTOR | LIVROS | PAGINAS |
|---|---|---|
| José Campos | 2 | 350 |
| Felipe Ferreira | 0 | |
| Lourdes Furtado | 1 | 400 |

## Alias / Apelido

Vamos desmembrar e melhorar esse código. Primeiro vamos colocar apelido nas tabelas:

```
SELECT autor.NOME_AUTOR,

(SELECT COUNT(livro.COD_LIVRO) FROM T_LIVRO livro WHERE
livro.COD_AUTOR = autor.COD_AUTOR) LIVROS,

(SELECT SUM(livro.PAGINAS) FROM T_LIVRO livro WHERE
livro.COD_AUTOR = autor.COD_AUTOR) PAGINAS

FROM T_AUTOR autor;
```

O apelido é útil para simplificar o código, quando houver campos de mesmo nome em mais de uma tabela podemos utilizar o nome de cada tabela ou criar apelidos para elas.

Ele basicamente serve para organizar o código e simplificar a quantidade de vezes que digitamos.

Obs: Quando só existe um campo na consulta, não precisamos ter o apelido em todo o código.

Vejamos mais uma otimização nesta consulta:

```
SELECT NOME_AUTOR,
(SELECT COUNT(COD_LIVRO) FROM T_LIVRO WHERE
COD_AUTOR = a.COD_AUTOR) LIVROS,
(SELECT SUM(PAGINAS) FROM T_LIVRO WHERE COD_AUTOR =
a.COD_AUTOR) PAGINAS
FROM T_AUTOR a;
```

| NOME_AUTOR | LIVROS | PAGINAS |
|---|---|---|
| José Campos | 2 | 350 |
| Felipe Ferreira | 0 | |
| Lourdes Furtado | 1 | 400 |

O resultado será o mesmo, note que no campo PAGINAS ele trouxe vazio ao invés do zero. Em alguns bancos de dados as funções de agrupamento fazem esse papel, mas caso não houvesse, poderíamos utilizar outra função para o mesmo fim:

Nvl

Essa função tem a seguinte sintaxe:

```
NVL(   <campo>   ,   <valor retornado>   ).
```

Agora vamos trazer as páginas zeradas quando o autor não tiver escrito nenhum livro:

```
SELECT NOME_AUTOR,
(SELECT COUNT(COD_LIVRO) FROM T_LIVRO WHERE
COD_AUTOR = a.COD_AUTOR) LIVROS,
(SELECT NVL(SUM(PAGINAS),0) FROM T_LIVRO WHERE
COD_AUTOR = a.COD_AUTOR) PAGINAS
FROM T_AUTOR a;
```

| NOME_AUTOR | LIVROS | PAGINAS |
|---|---|---|
| José Campos | 2 | 350 |
| Felipe Ferreira | 0 | 0 |
| Lourdes Furtado | 1 | 400 |

## To_Char

Vamos inventar mais, que tal utilizar uma função de conversão, para que apareça ao invés de zero nos resultados, um texto informando que o autor não registrou livros. Mas antes disso precisamos utilizar uma função para converter o tipo de campo de NUMBER para VARCHAR.

```
SELECT NOME_AUTOR,
(SELECT COUNT(COD_LIVRO) FROM T_LIVRO WHERE
COD_AUTOR = a.COD_AUTOR) LIVROS,
(SELECT TO_CHAR(SUM(PAGINAS)) FROM T_LIVRO WHERE
COD_AUTOR = a.COD_AUTOR) PAGINAS
FROM T_AUTOR a;
```

| NOME_AUTOR | LIVROS | PAGINAS |
|---|---|---|
| José Campos | 2 | 350 |
| Felipe Ferreira | 0 | |
| Lourdes Furtado | 1 | 400 |

O resultado será o mesmo, mas agora convertemos para texto o campo PAGINAS, faltou voltar com o NVL para que, quando o campo for vazio, preencher com o texto "Sem livros registrados".

```
SELECT NOME_AUTOR,
(SELECT COUNT(COD_LIVRO) FROM T_LIVRO WHERE
COD_AUTOR = a.COD_AUTOR) LIVROS,
(SELECT NVL(TO_CHAR(SUM(PAGINAS)),'Sem livros
registrados') FROM T_LIVRO WHERE COD_AUTOR =
a.COD_AUTOR) PAGINAS
FROM T_AUTOR a;
```

Desmembrando o trecho da query, teríamos as seguintes funções casadas:

NVL(TO_CHAR(SUM(PAGINAS)),'Sem livros registrados')

Observando da parte mais interna abrindo os parênteses, teríamos:

Somar todas as páginas dos livros escritos:
SUM(PAGINAS))

Converter o resultado para texto:
TO_CHAR(...)

Agora que é formato texto, se vier vazio podemos escrever uma frase:
NVL(...,'Sem livros registrados')

O resultado seria:

| NOME_AUTOR | LIVROS | PAGINAS |
|---|---|---|
| José Campos | 2 | 350 |
| Felipe Ferreira | 0 | Sem livros registrados |
| Lourdes Furtado | 1 | 400 |

Existem outros comandos de conversão como:

Converter em números um texto.

SELECT TO_NUMBER('5234,25') NUMERO FROM DUAL;

| NUMERO |
| --- |
| 5234,25 |

Converter um número em uma data.

SELECT TO_DATE(19041983) DATA FROM DUAL;

| DATA |
| --- |
| 19/04/83 |

Vamos buscar agora todos os autores, independente do autor ter livros publicados, informando seus livros e páginas.

```
SELECT NOME_AUTOR, COUNT(COD_LIVRO) LIVROS,
NVL(SUM(PAGINAS),0) PAGINAS
FROM T_AUTOR A LEFT JOIN T_LIVRO L ON A.COD_AUTOR =
L.COD_AUTOR
GROUP BY NOME_AUTOR;
```

| NOME_AUTOR | LIVROS | PAGINAS |
| --- | --- | --- |
| José Campos | 2 | 350 |
| Lourdes Furtado | 1 | 400 |
| Felipe Ferreira | 0 | 0 |

O subselect também pode ser utilizado para comparar expressões, trazendo todos os autores que tiverem páginas acima do mínimo de páginas publicadas.

```
SELECT NOME_AUTOR, COUNT(COD_LIVRO) LIVROS,
NVL(SUM(PAGINAS),0) PAGINAS
```

```
FROM T_AUTOR A LEFT JOIN T_LIVRO L ON A.COD_AUTOR =
L.COD_AUTOR
GROUP BY NOME_AUTOR
HAVING NVL(SUM(PAGINAS),0) > (SELECT MIN(PAGINAS)
FROM T_LIVRO);
```

**Any/ Some**

Outra maneira seria utilizando a expressão ANY ou SOME, que
são equivalentes, e comparam valores de outras tabelas.

```
SELECT NOME_AUTOR, COUNT(COD_LIVRO) LIVROS,
NVL(SUM(PAGINAS),0) PAGINAS
FROM T_AUTOR A LEFT JOIN T_LIVRO L ON A.COD_AUTOR =
L.COD_AUTOR
GROUP BY NOME_AUTOR
HAVING NVL(SUM(PAGINAS),0) > ANY (SELECT PAGINAS FROM
T_LIVRO);
```

| NOME_AUTOR | LIVROS | PAGINAS |
|---|---|---|
| José Campos | 2 | 350 |
| Lourdes Furtado | 1 | 400 |

O ANY e SOME também podem ser utilizados com valores fixos,
como uma busca de livros com mais de 100, 150 ou 200 páginas:

```
SELECT NOME_LIVRO, PAGINAS
FROM T_LIVRO
WHERE PAGINAS > ANY (100, 150, 200);
```

ou

```
SELECT NOME_LIVRO, PAGINAS
FROM T_LIVRO
WHERE PAGINAS > SOME (100, 150, 200);
```

| NOME_LIVRO | PAGINAS |
|---|---|
| Violeta Azul | 150 |
| Janela Secreta | 200 |
| O Segredo | 400 |
| Jardim Encantado | 210 |

**All**

Assim como o ANY e SOME, há a expressão ALL, que busca qualquer valor entre vários.

Imagine uma tabela de classificação dos autores que mais escreveram páginas de livro:

| T_Classe | |
|---|---|
| CLASSE | PAGINAS |
| A | 1000 |
| B | 500 |
| C | 200 |
| D | 100 |

E que deseja separar os livros que estão nas classes acima da C e D:

```
SELECT NOME_LIVRO, PAGINAS
FROM T_LIVRO
```

```
WHERE PAGINAS > ALL (SELECT PAGINAS FROM T_CLASSE
WHERE CLASSE IN ('C','D');
```

| NOME_LIVRO | PAGINAS |
|---|---|
| O Segredo | 400 |
| Jardim Encantado | 210 |

Ou utilizar um subselect para trazer os autores das classes A ou B:

```
SELECT NOME_AUTOR, COUNT(COD_LIVRO) LIVROS,
NVL(SUM(PAGINAS),0) PAGINAS
FROM T_AUTOR A LEFT JOIN T_LIVRO L ON A.COD_AUTOR =
L.COD_AUTOR
GROUP BY NOME_AUTOR
HAVING NVL(SUM(PAGINAS),0) >= ALL (SELECT PAGINAS
WHERE CLASSE = 'B');
```

Imagine agora se quiséssemos todos os livros de autores que começam com o nome "Lourdes".

### In / Like

Podemos utilizar outras duas expressões para essa solução, o IN e o LIKE. Vejamos:

```
SELECT * FROM T_LIVRO
WHERE COD_AUTOR IN (SELECT COD_AUTOR FROM T_AUTOR
WHERE NOME_AUTOR LIKE 'Lourdes%');
```

| COD_LIVRO | NOME_LIVRO | EDICAO | COD_AUTOR | COD_EDITORA | PAGINAS |
|-----------|------------|--------|-----------|-------------|---------|
| 3 | O Segredo | 1 | 102 | 10 | 400 |

## Dual

Há uma tabela padrão no banco de dados Oracle que serve para realizar consultas de teste:

SELECT <campo> FROM DUAL;

Exemplo:

SELECT 100 VALOR FROM DUAL;

| VALOR |
|-------|
| 100 |

SELECT SYSDATE DATA_DE_HOJE FROM DUAL;

| DATA_DE_HOJE |
|--------------|
| 25/05/20 |

Nos demais bancos de dados como o Sql Server há funções semelhantes basta fazer um select sem o FROM:

SELECT <campo>;

Exemplo:

SELECT 100 VALOR;

```
SELECT GETDATE();
```

Também podemos criar a tabela DUAL, da seguinte forma:

```
CREATE TABLE DUAL (DUMMY VARCHAR(1));

INSERT INTO DUAL (DUMMY) VALUES ('X');
```

## Union

A instrução UNION possibilita a execução de duas ou mais queries de forma separada, posteriormente une seus resultados.

Imagine juntar todos os autores e editoras separando por um campo virtual "Tipo":

```
SELECT A.COD_AUTOR CODIGO, A.NOME_AUTOR NOME,
A.TEL_AUTOR TELEFONE, 'Autor' TIPO FROM T_AUTOR A
UNION
SELECT E.COD_EDITORA, E.NOME_EDITORA, E.TEL_EDITORA,
'Editora' TIPO FROM T_EDITORA E
ORDER BY TIPO ASC;
```

Obs: O detalhe aqui é que a quantidade e o tipo dos campos selecionados nas duas tabelas devem ser iguais para que o código funcione.

O código pode ser escrito de outra forma, utilizando o "*" para buscar todos os campos da tabela ao invés de escrever o nome de cada um, simplificando a execução e com o mesmo resultado.

Neste caso todos os campos da tabela Editora são os mesmos mencionados na consulta com o "*".

```
SELECT A.COD_AUTOR CODIGO, A.NOME_AUTOR NOME,
A.TEL_AUTOR TELEFONE, 'Autor' TIPO FROM T_AUTOR A
UNION
SELECT E.*, 'Editora' TIPO FROM T_EDITORA E
ORDER BY TIPO ASC;
```

| CODIGO | NOME | TELEFONE | TIPO |
|--------|------|----------|------|
| 100 | José Campos | 9999-99999 | Autor |
| 101 | Felipe Ferreira | 9999-99999 | Autor |
| 102 | Lourdes Furtado | 9999-99999 | Autor |
| 20 | Quantum | 9999-99999 | Editora |
| 10 | Ecoss | 9999-99999 | Editora |

O código UNION traz somente os campos que não se repetem; a instrução UNION ALL traz todos os campos, independente de repetirem ou não.

Imagine que duas tabelas de autores fossem mescladas:

```
SELECT * FROM T_AUTOR_A
UNION
SELECT * FROM T_AUTOR_B;
```

| CODIGO | NOME | TELEFONE |
|--------|------|----------|
| 100 | José Campos | 9999-99999 |
| 101 | Felipe Ferreira | 9999-99999 |
| 102 | Lourdes Furtado | 9999-99999 |

```
SELECT * FROM T_AUTOR_A
```

UNION ALL
SELECT * FROM T_AUTOR_B;

| CODIGO | NOME | TELEFONE |
|--------|------|----------|
| 100 | José Campos | 9999-99999 |
| 101 | Felipe Ferreira | 9999-99999 |
| 102 | Lourdes Furtado | 9999-99999 |
| 100 | José Campos | 9999-99999 |
| 101 | Felipe Ferreira | 9999-99999 |
| 102 | Lourdes Furtado | 9999-99999 |

## Intersect

Outra instrução é a INTERSECT, onde são listados apenas os campos em comum de todas as tabelas:

SELECT * FROM T_AUTOR_A
INTERSECT
SELECT * FROM T_AUTOR_B;

| CODIGO | NOME | TELEFONE |
|--------|------|----------|
| 100 | José Campos | 9999-99999 |
| 101 | Felipe Ferreira | 9999-99999 |
| 102 | Lourdes Furtado | 9999-99999 |

## Minus

A instrução MINUS preserva as informações da primeira query, removendo os dados da segunda query.

```
SELECT COD_AUTOR FROM T_AUTOR_A
MINUS
SELECT COD_AUTOR FROM T_AUTOR_B WHERE COD_AUTOR =
100;
```

| COD_AUTOR |
|-----------|
| 101 |
| 102 |

### Subselect com Where Exists

Agora imagine buscar todos os livros de uma determinada tabela de autores ou até mesmo de um autor específico. Podemos utilizar a instrução "Exists". Vejamos:

```
SELECT * FROM T_LIVRO L
WHERE EXISTS
(SELECT * FROM T_AUTOR A
WHERE L.COD_AUTOR = A.COD_AUTOR AND A.NOME_AUTOR =
'José Campos' );
```

| COD_LIVRO | NOME_LIVRO | EDICAO | COD_AUTOR | COD_EDITORA | PAGINAS |
|-----------|-----------|--------|-----------|-------------|---------|
| 1 | Violeta Azul | 1 | 100 | 10 | 150 |
| 2 | Janela Secreta | 1 | 100 | 20 | 200 |

Vamos revisar alguns conceitos:

Imagine buscar todos os dados das tabelas: "Livro" e "Autor".

Observe que utilizando a busca simples os campos se repetirão diversas vezes, o cálculo das linhas geradas é o número de linhas da primeira tabela multiplicado pelo número de linhas da segunda tabela. Seriam 4 linhas da tabela "Livro" vezes 3 linhas da tabela "Autor", totalizando 12 linhas.

SELECT * FROM T_LIVRO L, T_AUTOR;

| COD_LIVRO | NOME_LIVRO | EDICAO | COD_AUTOR | COD_EDITORA | PAGINAS | COD_AUTOR_1 | NOME_AUTOR | TEL_AUTOR |
|---|---|---|---|---|---|---|---|---|
| 1 | Violeta Azul | 1 | 100 | 10 | 150 | 100 | José Campos | 9999-99999 |
| 2 | Janela Secreta | 1 | 100 | 20 | 200 | 100 | José Campos | 9999-99999 |
| 3 | O Segredo | 1 | 102 | 10 | 400 | 100 | José Campos | 9999-99999 |
| 4 | Jardim Encantado | 1 | | | 210 | 100 | José Campos | 9999-99999 |
| 1 | Violeta Azul | 1 | 100 | 10 | 150 | 101 | Felipe Ferreira | 9999-99999 |
| 2 | Janela Secreta | 1 | 100 | 20 | 200 | 101 | Felipe Ferreira | 9999-99999 |
| 3 | O Segredo | 1 | 102 | 10 | 400 | 101 | Felipe Ferreira | 9999-99999 |
| 4 | Jardim Encantado | 1 | | | 210 | 101 | Felipe Ferreira | 9999-99999 |
| 1 | Violeta Azul | 1 | 100 | 10 | 150 | 102 | Lourdes Furtado | 9999-99999 |
| 2 | Janela Secreta | 1 | 100 | 20 | 200 | 102 | Lourdes Furtado | 9999-99999 |
| 3 | O Segredo | 1 | 102 | 10 | 400 | 102 | Lourdes Furtado | 9999-99999 |

Observe os campos COD_AUTOR que aparecem nas duas tabelas, neles são incluídos números ao final do nome deles justamente para diferenciá-los. Dessa forma o resultado ficaria extremamente confuso.

Mas podemos utilizar a função, o FULL JOIN ou FULL OUTER JOIN, que separa exatamente o que tem nas duas tabelas sem repeti-los:

SELECT * FROM T_LIVRO L FULL OUTER JOIN T_AUTOR A ON L.COD_AUTOR = A.COD_AUTOR;

| COD_LI VRO | NOME_LIVRO | EDICAO | COD_AUT OR | COD_EDI TORA | PAGINAS | COD_AUT OR_1 | NOME_AUTOR | TEL_AUTOR |
|---|---|---|---|---|---|---|---|---|
| 1 | Violeta Azul | 1 | 100 | 10 | 150 | 100 | José Campos | 9999-99999 |
| 2 | Janela Secreta | 1 | 100 | 20 | 200 | 100 | José Campos | 9999-99999 |
| 3 | O Segredo | 1 | 102 | 10 | 400 | 102 | Lourdes Furtado | 9999-99999 |
| 4 | Jardim Encantado | 1 | | | 210 | | | |
| | | | | | | 101 | Felipe Ferreira | 9999-99999 |

Vamos aproveitar para revisar os apelidos.

Uma busca dos campos código de autor e nome do livro, na tabela "Livro"; e código de autor e nome do autor, na tabela "Autor":

SELECT
T_LIVRO.COD_AUTOR, NOME_LIVRO,
T_AUTOR.COD_AUTOR, NOME_AUTOR
FROM
T_LIVRO
FULL OUTER JOIN
T_AUTOR
ON T_LIVRO.COD_AUTOR = T_AUTOR.COD_AUTOR;

Agora buscar os campos colocando apelido nas tabelas e antes dos campos:

```
SELECT
L.COD_AUTOR, NOME_LIVRO,
A.COD_AUTOR, NOME_AUTOR
FROM
T_LIVRO L
FULL OUTER JOIN
T_AUTOR A
ON L.COD_AUTOR = A.COD_AUTOR;
```

Em ambos os códigos a saída seria a mesma:

| COD_AUTOR | NOME_LIVRO | COD_AUTOR_1 | NOME_AUTOR |
|-----------|------------|-------------|------------|
| 100 | Violeta Azul | 100 | José Campos |
| 100 | Janela Secreta | 100 | José Campos |
| 102 | O Segredo | 102 | Lourdes Furtado |
| | Jardim Encantado | | |
| | | 101 | Felipe Ferreira |

Observe que é preciso indicar o apelido da tabela antes do campo "COD_AUTOR" porque esse campo se repete nas tabelas "Livro" e "Autor", informando de qual tabela estamos buscando, foi usado o "L" como apelido da tabela "T_LIVRO".

Já nos campos "NOME_LIVRO" e "NOME_AUTOR" não foi necessário o apelido da tabela antes do campo, por serem exclusivos das tabelas "Livro" e "Autor", não se repetindo em outras tabelas.

Quando for assim o banco de dados reconhece que não tem outro igual e faz a associação.

Por fim podemos apelidar o nome dos campos, para que fique fácil a identificação.

```
SELECT
L.COD_AUTOR COD_AUTOR_LIVRO, NOME_LIVRO,
A.COD_AUTOR, NOME_AUTOR
FROM
T_LIVRO L
FULL OUTER JOIN
T_AUTOR A
ON L.COD_AUTOR = A.COD_AUTOR;
```

| COD_AUTOR_LIVRO | NOME_LIVRO | COD_AUTOR_1 | NOME_AUTOR |
|---|---|---|---|
| 100 | Violeta Azul | 100 | José Campos |
| 100 | Janela Secreta | 100 | José Campos |
| 102 | O Segredo | 102 | Lourdes Furtado |
| | Jardim Encantado | | |
| | | 101 | Felipe Ferreira |

Outra maneira seria a busca de todos os autores e livros juntos, criando apenas um campo virtual "Tipo" para diferenciá-los.

```
SELECT
COD_AUTOR AUTOR, NOME_LIVRO NOME, 'Livro' TIPO
FROM T_LIVRO
UNION ALL
SELECT
COD_AUTOR, NOME_AUTOR, 'Autor'
FROM T_AUTOR;
```

| AUTOR | NOME | TIPO |
|---|---|---|
| 100 | Violeta Azul | Livro |
| 100 | Janela Secreta | Livro |
| 102 | O Segredo | Livro |
| | Jardim Encantado | Livro |
| 100 | José Campos | Autor |
| 101 | Felipe Ferreira | Autor |
| 102 | Lourdes Furtado | Autor |

Imagine que interessante seria criar uma consulta com base em outra consulta, juntando os dados e organizando como quiséssemos.

A busca pelos campos seria pelo apelido criado na primeira consulta antes do UNION.

Também deverá ser criado um apelido para as consultas internas.

```
SELECT AUTOR, NOME, TIPO FROM
(
SELECT
COD_AUTOR AUTOR, NOME_LIVRO NOME, 'Livro' TIPO
FROM T_LIVRO
UNION ALL
SELECT
COD_AUTOR, NOME_AUTOR, 'Autor'
FROM T_AUTOR
)
TABELAS_JUNTAS

ORDER BY NOME;
```

No exemplo o apelido da consulta ficou como
"TABELAS_JUNTAS".

| AUTOR | NOME | TIPO |
|---|---|---|
| 101 | Felipe Ferreira | Autor |
| 100 | Janela Secreta | Livro |
| 102 | Jardim Encantado | Livro |
| 100 | José Campos | Autor |
| 102 | Lourdes Furtado | Autor |
| 102 | O Segredo | Livro |
| 100 | Violeta Azul | Livro |

## Subselect como Tabela

## Distinct

Por último, se quisermos apenas separar os códigos dos autores
de todas as consultas e tabelas, poderíamos utilizar a função
DISTINCT em cima dos códigos dos autores e retirando os
campos vazios:

```
SELECT DISTINCT AUTOR FROM
(
SELECT
COD_AUTOR AUTOR, NOME_LIVRO NOME, 'Livro' TIPO
FROM T_LIVRO
UNION ALL
SELECT
COD_AUTOR, NOME_AUTOR, 'Autor'
FROM T_AUTOR)
TABELAS_JUNTAS
```

WHERE AUTOR IS NOT NULL
ORDER BY AUTOR;

| AUTOR |
|-------|
| 100 |
| 101 |
| 102 |

Podemos utilizar o DISTINCT em qualquer ocasião para separar os valores iguais.

Imagine separar os códigos das editoras na tabela "Livros":

SELECT DISTINCT COD_EDITORA FROM T_LIVRO;

| COD_EDITORA |
|-------------|
| 20 |
| 10 |

Retirar os valores nulos:

SELECT DISTINCT COD_EDITORA FROM T_LIVRO
WHERE COD_EDITORA IS NOT NULL;

| COD_EDITORA |
| --- |
| 20 |
| 10 |

Organizar por código:

```
SELECT DISTINCT COD_EDITORA FROM T_LIVRO
WHERE COD_EDITORA IS NOT NULL
ORDER BY COD_EDITORA;
```

| COD_EDITORA |
| --- |
| 10 |
| 20 |

Ainda há outras expressões que podemos utilizar:

## Case

A expressão CASE junto com o WHEN faz comparações e retorna diversos resultados.

Sua estrutura é:

```
CASE
    WHEN <condição> THEN <resultado>
    WHEN <condição> THEN <resultado>
END
```

Imagine separar todos os livros classificando por um grupo com os seguintes tamanhos de livros: Pequeno, Padrão, Grande e Muito Grande:

```
SELECT
NOME_LIVRO, PAGINAS,
CASE
WHEN PAGINAS < 200 THEN 'Pequeno'
WHEN PAGINAS BETWEEN 200 AND 499 THEN 'Padrão'
WHEN PAGINAS BETWEEN 500 AND 999 THEN 'Grande'
WHEN PAGINAS >= 1000 THEN 'Muito Grande'
END TAMANHO
FROM T_LIVRO;
```

| NOME_LIVRO | PAGINAS | TAMANHO |
|---|---|---|
| Violeta Azul | 150 | Pequeno |
| Janela Secreta | 200 | Padrão |
| O Segredo | 400 | Padrão |
| Jardim Encantado | 210 | Padrão |

Os operadores lógicos também são importantes e devem ser bem encadeados. A lógica faz toda a diferença no código.

Imagine buscar todos os livros com pelo menos 400 páginas ou livros com menos de 400 páginas mas somente do autor de código 100, que não seja da editora de código 20 e que não seja o livro de código 10.

```
SELECT *
FROM T_LIVRO
WHERE
PAGINAS >= 400
OR (PAGINAS < 400 AND COD_AUTOR IN (100))
AND NOT COD_EDITORA = 20
AND COD_LIVRO <> 10;
```

| COD_LIVRO | NOME_LIVRO | EDICAO | COD_AUTOR | COD_EDITORA | PAGINAS |
|-----------|------------|--------|-----------|-------------|---------|
| 1 | Violeta Azul | 1 | 100 | 10 | 150 |
| 3 | O Segredo | 1 | 102 | 10 | 400 |

## Decode

Outra maneira é através da expressão DECODE.

Imagine buscar os livros identificando seus tamanhos:

```
SELECT NOME_LIVRO, DECODE(PAGINAS, 150,
'Pequeno','Outros Tamanhos') TIPO FROM T_LIVRO;
```

| NOME_LIVRO | TIPO |
|------------|------|
| Violeta Azul | Pequeno |
| Janela Secreta | Outros Tamanhos |
| O Segredo | Outros Tamanhos |
| Jardim Encantado | Outros Tamanhos |

E demais expressões, como:

## Extract

Extrair dia, mês e ano de uma data.

```
SELECT
EXTRACT(DAY FROM SYSDATE) DIA,
EXTRACT(MONTH FROM SYSDATE) MES,
EXTRACT(YEAR FROM SYSDATE) ANO
FROM DUAL;
```

| DIA | MES | ANO |
|-----|-----|------|
| 18  | 5   | 2020 |

## Greatest

Selecionar o maior valor entre uma sequência de números com a função GREATEST:

SELECT GREATEST(290929919,299001990,2919912000) MAIOR FROM DUAL;

| MAIOR |
|-------|
| 2919912000 |

Buscar pela ordem alfabética, o nome de maior letra:

SELECT GREATEST('Aline', 'Alana', 'Alma', 'Alessandra') MAIOR FROM DUAL;

| MAIOR |
|-------|
| Alma |

## Least

Ou pela ordem alfabética o de menor letra, utilizando a função LEAST:

SELECT LEAST('Aline', 'Alana', 'Alma', 'Alessandra') MENOR FROM DUAL;

| MENOR |
|-------|
| Alana |

## Lower

Listar o nome dos livros com letras minúsculas:

SELECT LOWER(NOME_LIVRO) LETRAS_MINUSCULAS FROM
T_LIVRO;

| LETRAS_MINUSCULAS |
|-------------------|
| violeta azul |
| janela secreta |
| o segredo |
| jardim encantado |

## Upper

Listar o nome dos livros com letras maiúsculas:

SELECT UPPER(NOME_LIVRO) LETRAS_MAIUSCULAS FROM
T_LIVRO;

| LETRAS_MAIUSCULAS |
|-------------------|
| VIOLETA AZUL |
| JANELA SECRETA |
| O SEGREDO |
| JARDIM ENCANTADO |

## Initcap

Ou somente a primeira maiúscula e as demais minúsculas:

SELECT INITCAP(NOME_LIVRO)
INICIO_MAIUSCULA_E_FIM_MINUSCULAS FROM T_LIVRO;

| INICIO_MAIUSCULA_E_FIM_MINUSCULAS |
|---|
| Violeta Azul |
| Janela Secreta |
| O Segredo |
| Jardim Encantado |

## Lpad

Colocar alguma informação antes do nome de um livro:

SELECT LPAD(NOME_LIVRO,20,'_____') TEXTO FROM T_LIVRO;

| TEXTO |
|---|
| _____Violeta Azul |
| _____Janela Secreta |
| _____O Segredo |
| ___Jardim Encantado |

## Rpad

Depois do nome:

SELECT RPAD(NOME_LIVRO,30,'_____') TEXTO FROM T_LIVRO;

| TEXTO |
| --- |
| Violeta Azul_____ |
| Janela Secreta_____ |
| O Segredo_____ |
| Jardim Encantado_____ |

Antes e depois do nome:

```
SELECT RPAD(LPAD(NOME_LIVRO,20,'_____'),30,'_____') TEXTO
FROM T_LIVRO;
```

| TEXTO |
| --- |
| _____Violeta Azul_____ |
| _____Janela Secreta_____ |
| _____O Segredo_____ |
| ___Jardim Encantado_____ |

Substr

A expressão SUBSTR separa uma parte de um texto.

Imagine a necessidade de buscar somente as primeiras 12 letras do nome de um livro.

```
SELECT SUBSTR(NOME_LIVRO,1,12) NOME FROM T_LIVRO;
```

| NOME |
|---|
| Violeta Azul |
| Janela Secre |
| O Segredo |
| Jardim Encan |

Instr

A expressão INSTR busca a posição de determinada letra ou palavra em um campo.

Imagine agora saber a partir de qual caractere que começa a segunda palavra no nome dos livros.

SELECT INSTR(NOME_LIVRO,' ')+1 POSICAO FROM T_LIVRO;

| POSICAO |
|---|
| 9 |
| 8 |
| 3 |
| 8 |

SELECT INSTR(NOME_LIVRO,'Secreta') POSICAO FROM T_LIVRO;

| POSICAO |
|---|
| 0 |
| 8 |
| 0 |
| 0 |

Compare com a tabela "Livro", se contarmos as letras encontraremos a posição, em vermelho:

| NOME_LIVRO |
| --- |
| Violeta Azul |
| Janela Secreta |
| O Segredo |
| Jardim Encantado |

## Ltrim

A expressão LTRIM corta as letras das palavras, pegando da esquerda para a direita. E a "RTRIM" da direita para a esquerda.

```
SELECT LTRIM(NOME_LIVRO,'Ja') NOME FROM T_LIVRO;
```

| NOME |
| --- |
| Violeta Azul |
| nela Secreta |
| O Segredo |
| rdim Encantado |

## Rtrim

```
SELECT RTRIM(NOME_LIVRO,'Encantado') NOME FROM
T_LIVRO;
```

| NOME |
|------|
| Violeta Azul |
| Janela Secre |
| O Segre |
| Jardim |

Compare com a tabela "Livro", o "LTRIM" retirando as letras da esquerda e o "RTRIM" da direita, ambos em vermelho:

| NOME_LIVRO |
|------------|
| Violeta Azul |
| Janela Secreta |
| O Segredo |
| Jardim Encantado |

## Length

A expressão LENGTH conta o número de caracteres de um campo. Imagine saber quantas letras um livro possui para adequá-lo em suas impressões:

SELECT LENGTH(NOME_LIVRO) CARACTERES FROM T_LIVRO;

| CARACTERES |
|------------|
| 12 |
| 14 |
| 9 |
| 16 |

## Replace

A expressão REPLACE altera uma parte do campo por outra.

Imagine buscar o nome dos livros e ao invés de manter espaço entre os nomes, mantenha um traço sublinhado "_":

SELECT REPLACE(NOME_LIVRO,' ','_') NOME FROM T_LIVRO;

| NOME |
|---|
| Violeta_Azul |
| Janela_Secreta |
| O_Segredo |
| Jardim_Encantado |

## Round

A expressão ROUND organiza os números em casas decimais. Muito útil para trabalhar com arredondamentos de valores:

SELECT ROUND(119.90,0) R$ FROM DUAL;

| R$ |
|---|
| 120 |

## Trunc

A expressão "TRUNC" funciona de forma similar ao "ROUND":

SELECT TRUNC(1250.2575, 0) R$ FROM DUAL;

| R$ |
|---|
| 1250 |

SELECT TRUNC(1250.2575, 2) R$ FROM DUAL;

| R$ |
|---|
| 1250,25 |

## Power

A expressão POWER é utilizada para realizar o cálculo de potência. Muito útil para fórmulas de investimento:

SELECT POWER(9,2) POTENCIA FROM DUAL;

| POTENCIA |
|---|
| 81 |

## Sqrt

A expressão SQRT é utilizada para calcular a raiz quadrada:

SELECT SQRT(81) RAIZ FROM DUAL;

| RAIZ |
|---|
| 9 |

## Months_between

A expressão MONTHS_BETWEEN busca a quantidade de meses entre datas:

SELECT MONTHS_BETWEEN('01/01/2021', '01/01/2020') MESES FROM DUAL;

| MESES |
|-------|
| 12 |

## Add_months

A expressão ADD_MONTHS inclui meses na data atual:

SELECT ADD_MONTHS('19/05/2020', 8) MESES FROM DUAL;

| MESES |
|-------|
| 19/01/21 |

## Next_day

A expressão NEXT_DAY busca o próximo dia da semana a partir de uma determinada data:

SELECT NEXT_DAY('19/05/2020', 'Sábado') DIA FROM DUAL;

| DIA |
|-----|
| 23/05/20 |

## Last_day

A expressão LAST_DAY busca o último dia do mês em determinada data.

Imagine uma instrução que busca a última data de cada mês de forma automática para atualizar indicadores ou disparar ações programadas:

SELECT LAST_DAY('19/05/2020') ULTIMO_DIA FROM DUAL;

| ULTIMO_DIA |
|------------|
| 31/05/20 |

## Rownum

A expressão ROWNUM identifica as linhas de uma consulta para posicionamento dos dados.

Muito utilizado para criar uma curva ABC com os principais produtos, vendedores, etc.

SELECT ROWNUM POSICAO, NOME_LIVRO FROM T_LIVRO;

| POSICAO | NOME_LIVRO |
|---------|------------|
| 1 | Violeta Azul |
| 2 | Janela Secreta |
| 3 | O Segredo |
| 4 | Jardim Encantado |

Imagine buscar somente os três primeiros livros:

```
SELECT ROWNUM POSICAO, NOME_LIVRO FROM T_LIVRO
WHERE ROWNUM <= 3;
```

| POSICAO | NOME_LIVRO |
|---------|------------|
| 1 | Violeta Azul |
| 2 | Janela Secreta |
| 3 | O Segredo |

## Update

A instrução UPDATE atualiza os dados em uma tabela.

Sua estrutura é:

```
UPDATE <tabela>
SET        <campo>    =    <valor>
WHERE      <condição>
```

Imagine atualizar o nome da editora dos livros, na tabela "Editora", buscando pelo código:

```
UPDATE T_EDITORA
SET NOME_EDITORA = 'Ecoss'
WHERE COD_EDITORA = 10;
```

Ou buscando pelo nome:

```
UPDATE T_EDITORA
SET NOME_EDITORA = 'Ecoss'
WHERE NOME_EDITORA = 'Ecos';
```

| COD_EDITORA | NOME_EDITORA | TEL_EDITORA |
|---|---|---|
| 10 | Ecoss | 9999-99999 |

Imagine agora atualizar todos os livros de uma vez para uma mesma editora:

```
UPDATE T_LIVRO
SET COD_EDITORA = 20;
```

| COD_LIVRO | NOME_LIVRO | EDICAO | COD_AUTOR | COD_EDITORA | PAGINAS |
|---|---|---|---|---|---|
| 1 | Violeta Azul | 1 | 100 | 20 | 150 |
| 2 | Janela Secreta | 1 | 100 | 20 | 200 |
| 3 | O Segredo | 1 | 102 | 20 | 400 |
| 4 | Violeta Azul | 2 | 100 | 20 | 210 |

Alterar o autor de um livro:

```
UPDATE T_LIVRO
SET COD_AUTOR = 101
WHERE NOME_LIVRO = 'Violeta Azul';
```

Ou:

```
UPDATE T_LIVRO
SET COD_AUTOR = 101
WHERE COD_LIVRO IN (1, 4);
```

| COD_LIVRO | NOME_LIVRO | EDICAO | COD_AUTOR | COD_EDITORA | PAGINAS |
|---|---|---|---|---|---|
| 1 | Violeta Azul | 1 | 101 | 20 | 150 |
| 4 | Violeta Azul | 2 | 101 | 20 | 210 |

Alterar a editora dos livros que possuírem entre 300 e 600 páginas:

```
UPDATE T_LIVRO
SET COD_EDITORA = 10
WHERE PAGINAS BETWEEN 300 AND 600;
```

| COD_LIVRO | NOME_LIVRO | EDICAO | COD_AUTOR | COD_EDITORA | PAGINAS |
|-----------|------------|--------|-----------|-------------|---------|
| 3 | O Segredo | 1 | 102 | 10 | 400 |

Alterar o autor e a edição dos livros que tiverem mais de 200 páginas ou o código do autor for 100 ou 101:

```
UPDATE T_LIVRO
SET COD_AUTOR = 102, EDICAO = 3
WHERE PAGINAS > 200 AND COD_AUTOR IN (100, 101);
```

| COD_LIVRO | NOME_LIVRO | EDICAO | COD_AUTOR | COD_EDITORA | PAGINAS |
|-----------|------------|--------|-----------|-------------|---------|
| 4 | Violeta Azul | 3 | 102 | 20 | 210 |

## Delete

O comando DELETE é utilizado para apagar os dados de uma tabela.

Sua estrutura é:

```
DELETE FROM     <tabela>
WHERE              <condição>
```

Imagine apagar um livro que foi cadastrado errado:

```
DELETE FROM T_LIVRO
WHERE COD_LIVRO IN (4);
```

**Ou:**

```
DELETE FROM T_LIVRO
WHERE NOME_LIVRO = 'Violeta Azul' AND EDICAO = 3;
```

| COD_LIVRO | NOME_LIVRO | EDICAO | COD_AUTOR | COD_EDITORA | PAGINAS |
|-----------|------------|--------|-----------|-------------|---------|
| 4 | Violeta Azul | 3 | 102 | 20 | 210 |

## Capítulo 4

Índices:

Os índices, index, são configurações para otimizar as consultas nas tabelas. Estão vinculados aos campos e seu desempenho está relacionado ao processamento das consultas.

Sem o índice o banco de dados busca todos os dados de determinadas tabelas para formar a consulta, com o índice ele busca pontos chaves e agrupa os resultados, melhorando o desempenho da busca.

Sua estrutura é:

```
CREATE INDEX   <nome>
ON   <tabela>
```

Normalmente o desempenho começa a ficar comprometido com um alto número de interações com as tabelas, mas vamos imaginar que a tabela "Livro" esteja com um volume extremo de informações, portanto vamos criar um índice para otimizar as consultas na tabela:

```
CREATE INDEX IDX_AUTOR
ON T_AUTOR (NOME_AUTOR);
```

Esse simples comando já aumentaria o desempenho.

Para apagar o índice bastaria informar o seguinte comando:

DROP INDEX IDX_AUTOR;

Os índices podem ser bem mais robustos, criando regras para as consultas e preservando a otimização do banco de dados:

```
CREATE UNIQUE INDEX IDX_AUTOR ON T_AUTOR (COD_AUTOR)
PCTFREE 10 INITRANS 2 MAXTRANS 255 COMPUTE STATISTICS
NOLOGGING
STORAGE(INITIAL 65536 NEXT 1048576 MINEXTENTS 1
MAXEXTENTS 2147483645
PCTINCREASE 0 FREELISTS 1 FREELIST GROUPS 1
BUFFER_POOL DEFAULT FLASH_CACHE DEFAULT
CELL_FLASH_CACHE DEFAULT)
TABLESPACE "AABBCC";
```

# Capítulo 5

## Views

As visões, views, são tabelas virtuais compostas de uma query e são utilizadas para trazer algumas informações, como relatórios.

Suas informações são geradas no momento da execução do código.

Se compararmos com um sistema, seriam as telas de consulta e até mesmo os relatórios.

Sua estrutura é:

```
CREATE VIEW    <view_name>     AS
SELECT         <campos>
FROM           <tabela>
JOIN           <tabela>
WHERE          <condição>
GROUP BY       <campos>
HAVING         <condição>;
```

Imagine criar uma view chamada "V_Livros" que junte as tabelas de livros, autores e editoras, para facilitar a busca de dados:

```
CREATE VIEW V_LIVROS AS
SELECT L.NOME_LIVRO, L.EDICAO, L.PAGINAS, A.NOME_AUTOR,
E.NOME_EDITORA FROM T_LIVRO L
INNER JOIN T_AUTOR A ON L.COD_AUTOR = A.COD_AUTOR
```

```
INNER JOIN T_EDITORA E ON L.COD_EDITORA =
E.COD_EDITORA;
```

Agora podemos consultar todos os dados da view como se fosse uma única tabela:

```
SELECT * FROM V_LIVROS;
```

| NOME_LIVRO | EDICAO | PAGINAS | NOME_AUTOR | NOME_EDITORA |
|---|---|---|---|---|
| Violeta Azul | 1 | 150 | José Campos | Ecoss |
| Janela Secreta | 1 | 200 | José Campos | Quantum |
| O Segredo | 1 | 400 | Lourdes Furtado | Ecoss |

Imagine filtrar os livros do autor "José" e somente na editora "Ecoss":

```
SELECT * FROM V_LIVROS
WHERE NOME_AUTOR LIKE '%José%' AND NOME_EDITORA
LIKE '%Ecoss%';
```

| NOME_LIVRO | EDICAO | PAGINAS | NOME_AUTOR | NOME_EDITORA |
|---|---|---|---|---|
| Violeta Azul | 1 | 150 | José Campos | Ecoss |

Como notamos, a view pode ser criada para qualquer consulta como a busca por uma tabela normal.

Imagine ser necessário alterar a view, deverá ser utilizada a função REPLACE abaixo:

```
REPLACE VIEW V_LIVROS AS
SELECT L.NOME_LIVRO, L.EDICAO, L.PAGINAS, A.NOME_AUTOR,
E.NOME_EDITORA FROM T_LIVRO L
```

```
INNER JOIN T_AUTOR A ON L.COD_AUTOR = A.COD_AUTOR
INNER JOIN T_EDITORA E ON L.COD_EDITORA =
E.COD_EDITORA;
```

Nos objetos podemos incluir a opção de atualização junto com o comando de criação:

```
CREATE OR REPLACE VIEW...
```

Vale lembrar que é importante manter uma cópia de cada versão do objeto, pois o REPLACE refaz o objeto toda vez que for executado.

Para apagar a view basta rodar a instrução abaixo:

```
DROP VIEW V_LIVROS;
```

## Capítulo 6

Triggers

Os gatilhos, triggers, são objetos do banco de dados com instruções que são acionadas através das operações de inserção, atualização ou exclusão nas tabelas.

Se compararmos com um sistema, seriam as ações executadas nas rotinas para cada alteração nos cadastros e lançamentos.

Sua estrutura é:

```
CREATE TRIGGER <nome>
BEFORE / AFTER / INSTEAD OF
INSERT OR DELETE OR UPDATE
ON <tabela>
REFERENCING NEW AS <apelido > OLD AS <apelido >
FOR EACH ROW
WHEN <condição>
DECLARE
<campos>;
BEGIN
<código>
END;
```

A trigger permite uma infinidade de ações, vamos entender cada linha do código para então iniciarmos os exemplos.

CREATE TRIGGER     <nome>

Tempo da Trigger?

BEFORE – Executa o procedimento antes da ação ser realizada no banco de dados.

Um exemplo seria, antes de realizar um pagamento, fazer uma validação se há dinheiro na conta suficiente para isso.

Normalmente é um validador das informações antes de salvá-las.

AFTER – Executa o procedimento depois da ação ser realizada no banco de dados.

Um exemplo seria, após realizar o pagamento, atualizar seu saldo na tabela saldos.

Normalmente é um atualizador de informações em outras tabelas.

INSTEAD OF – Executa o procedimento ao invés de realizar a ação no banco de dados.

A instrução funciona ao inserir dados em uma view.

Imagine ao cadastrar um livro, cadastrar simultaneamente a editora e o autor.

Para quais eventos?

INSERT – Inclusão de um dado em determinada tabela.

DELETE – Exclusão de um dado em determinada tabela.

UPDATE– Atualização de um dado em determinada tabela.

Onde?

ON <tabela> – Em qual tabela será executado o gatilho quando ocorrer uma atualização.

Em quais campos?

REFERENCING NEW AS <apelido> OLD AS <apelido> –
Essa referência é para gravar qual o valor antigo de determinado campo e qual é o valor novo. Serve para comparar os valores ou forçar gravar um determinado valor.

Quais níveis?

FOR EACH ROW – Executar para cada linha da tabela que sofrer alguma alteração.

Condições?

WHEN <condição> – Condição de um ou vários campos para realizar o procedimento.

Quais campos?

DECLARE <campos>; – Declaração dos campos que farão parte da trigger.

Código?

BEGIN <código> – Início do código.

END; – Término do código.

Vejamos um exemplo:

Imagine que toda vez que for inserido um novo livro na tabela "Livro", automaticamente a sua edição receba o código "1".

```
CREATE TRIGGER TRG_INS_LIVRO
BEFORE
INSERT
ON T_LIVRO
REFERENCING NEW AS NEW OLD AS OLD
FOR EACH ROW
BEGIN
:NEW.EDICAO := 1;
END;
```

Ou seja, criamos a trigger de nome "TRG_INS_LIVRO", o nome foi para facilitar a identificação "TRG" de trigger, "INS" de insert e "LIVRO" da tabela que vamos trabalhar. Fica mais fácil organizar os objetos desta forma para atualizações posteriores.

BEFORE – Indica que ela será atualizada toda vez antes que sejam atualizados os dados na tabela.

INSERT – Indica que deverá ser feito em uma operação de inserção.

ON T_LIVRO – Indica que deve ser executada em qualquer atualização na tabela livro.

Os demais termos não se alteram.

No código, foi incluída a instrução:

:NEW.EDICAO := 1;

Que significa que o campo edição deverá receber o valor "1".

Agora vamos fazer uma inserção de um livro novo na tabela para validar o nosso objeto:

```
INSERT INTO T_LIVRO
VALUES (5, 'Livro Novo', 0, '','',100);
```

| COD_LIVRO | NOME_LIVRO | EDICAO | COD_AUTOR | COD_EDITORA | PAGINAS |
|-----------|------------|--------|-----------|-------------|---------|
| 5 | Livro Novo | 1 | | | 100 |

Automaticamente a edição do livro mudou para "1".

Vamos apagar o livro, mudar o código e inseri-lo novamente.

```
DELETE FROM T_LIVRO WHERE COD_LIVRO = 5;
```

Agora vamos atualizar a trigger para que, ao inserir um novo livro, ele coloque o código "7" na editora:

```
CREATE OR REPLACE TRIGGER TRG_INS_LIVRO
BEFORE
INSERT
ON T_LIVRO
REFERENCING NEW AS NEW OLD AS OLD
```

```
FOR EACH ROW
BEGIN
:NEW.EDICAO := 7;
END;
```

Note o comando REPLACE, que é uma atualização da trigger anterior.

Vamos inserir novamente o livro:

```
INSERT INTO T_LIVRO
VALUES (5, 'Livro Novo', 0, '','',100);
```

| COD_LIVRO | NOME_LIVRO | EDICAO | COD_AUTOR | COD_EDITORA | PAGINAS |
|-----------|------------|--------|-----------|-------------|---------|
| 5 | Livro Novo | 7 | | | 100 |

Vamos apagar a trigger anterior:

```
DROP TRIGGER TRG_INS_LIVRO;
```

Agora vamos avançar para uma trigger de alteração.

Imagine que, ao alterar o código da editora, grave o código do primeiro autor da tabela "Autor":

```
CREATE OR REPLACE TRIGGER TRG_UPD_LIVRO
BEFORE
UPDATE
ON T_LIVRO
REFERENCING NEW AS NEW OLD AS OLD
FOR EACH ROW
DECLARE
```

```
P_COD_AUTOR INT;
BEGIN
SELECT COD_AUTOR INTO P_COD_AUTOR FROM T_AUTOR
WHERE ROWNUM = 1;
:NEW.COD_AUTOR := P_COD_AUTOR;
END;
```

Observe que agora a operação é executada quando ocorre uma atualização na tabela "Livro".

Também foi declarada uma variável para buscar o código do autor na tabela "Autor".

Posteriormente foi atualizado o código do autor no livro, com o valor da variável.

Vamos executar uma atualização na tabela "Livro" para validar o objeto:

```
UPDATE T_LIVRO
SET COD_EDITORA = 20
WHERE COD_LIVRO = 5;
```

| COD_LIVRO | NOME_LIVRO | EDICAO | COD_AUTOR | COD_EDITORA | PAGINAS |
|-----------|------------|--------|-----------|-------------|---------|
| 5 | Livro Novo | 7 | 100 | 20 | 100 |

Agora vamos para uma terceira opção, ao apagar uma editora ela atualiza os livros, apagando o código da editora:

```
CREATE OR REPLACE TRIGGER TRG_DLT_EDITORA
BEFORE
DELETE
```

```
ON T_EDITORA
REFERENCING NEW AS NEW OLD AS OLD
FOR EACH ROW
BEGIN
UPDATE T_LIVRO SET COD_EDITORA = '' WHERE COD_EDITORA
= :OLD.COD_EDITORA;
END;
```

**Incluir uma editora nova:**

```
INSERT INTO T_EDITORA
VALUES (30, 'Rosa', '9999-99999');
```

| COD_EDITORA | NOME_EDITORA | TEL_EDITORA |
|---|---|---|
| 30 | Rosa | 9999-99999 |

Atualizar a editora no último livro cadastrado:

```
UPDATE T_LIVRO
SET COD_EDITORA = 30
WHERE COD_LIVRO IN (SELECT MAX(COD_LIVRO) FROM
T_LIVRO);
```

| COD_LIVRO | NOME_LIVRO | EDICAO | COD_AUTOR | COD_EDITORA | PAGINAS |
|---|---|---|---|---|---|
| 5 | Livro Novo | 7 | 100 | 30 | 100 |

Por último, vamos apagar a editora para atualizar a tabela "Livro":

```
DELETE FROM T_EDITORA
WHERE COD_EDITORA = 30;
```

| COD_LIVRO | NOME_LIVRO | EDICAO | COD_AUTOR | COD_EDITORA | PAGINAS |
|-----------|------------|--------|-----------|-------------|---------|
| 5 | Livro Novo | 7 | 100 | | 100 |

Vamos apagar a trigger:

```
DROP TRIGGER TRG_DLT_EDITORA;
```

Agora vamos avançar mais um pouco, que tal criarmos mais uma coluna na tabela "Autor" para informar a quantidade total de livros que ele escreveu e também a quantidade total de páginas, para que toda vez que um livro for atualizado o objeto faça o cálculo:

```
ALTER TABLE T_AUTOR
ADD (TOTAL_LIVROS NUMBER, TOTAL_PAGINAS NUMBER);
```

| COD_AUTOR | NOME_AUTOR | TEL_AUTOR | TOTAL_LIVROS | TOTAL_PAGINAS |
|-----------|------------|-----------|--------------|---------------|
| 100 | José Campos | 9999-99999 | | |
| 101 | Felipe Ferreira | 9999-99999 | | |
| 102 | Lourdes Furtado | 9999-99999 | | |

Vamos criar um objeto utilizando a instrução "After" para que, no momento da alteração de um livro, atualize os totais na tabela "Autor".

```
CREATE OR REPLACE TRIGGER TRG_UPD_LIVRO
AFTER
UPDATE
ON T_LIVRO
REFERENCING NEW AS NEW OLD AS OLD
FOR EACH ROW
```

```
DECLARE
PRAGMA AUTONOMOUS_TRANSACTION;
P_LIVROS INT;
P_PAGINAS INT;
BEGIN
SELECT COUNT(COD_LIVRO), SUM(PAGINAS) INTO P_LIVROS,
P_PAGINAS
FROM T_LIVRO WHERE COD_AUTOR = :NEW.COD_AUTOR OR
COD_LIVRO = :NEW.COD_LIVRO;

UPDATE T_AUTOR SET TOTAL_LIVROS = P_LIVROS,
TOTAL_PAGINAS = P_PAGINAS
WHERE COD_AUTOR = :NEW.COD_AUTOR;
COMMIT;
END;
```

Vamos entender as principais instruções no código do objeto:

AFTER      –    Depois da ação:
UPDATE–    De atualizar a tabela T_LIVRO.

PRAGMA AUTONOMOUS_TRANSACTION;  -   Essa instrução permite que o banco de dados não entre em loop, pois estamos buscando a informação na mesma tabela em que será gravada a informação. Quando a atualização for realizada em outra tabela, não haverá a necessidade de informá-lo.

Ele trabalha junto com a instrução COMMIT no final do código, para confirmar a operação, gravando no banco de dados as informações.

Foram criados os dois parâmetros abaixo para gravar as informações de livros e páginas:

```
P_LIVROS INT;
P_PAGINAS INT;
```

Em seguida a query para buscar a quantidade total de livros e o total de páginas, gravando nos parâmetros:

```
SELECT COUNT(COD_LIVRO), SUM(PAGINAS) INTO P_LIVROS,
P_PAGINAS
FROM T_LIVRO WHERE COD_AUTOR = :NEW.COD_AUTOR OR
COD_LIVRO = :NEW.COD_LIVRO;
```

O detalhe é que ele busca todos os somatórios do mesmo código informado de autor que será incluído:NEW.COD_AUTOR e também considera o código do livro que será atualizado :NEW.COD_LIVRO, para trazer as informações de forma corretas.

Por fim atualiza na tabela "Autor" os totais utilizando o valor dos parâmetros, no código do autor que está sendo atualizado:

```
UPDATE T_AUTOR SET TOTAL_LIVROS = P_LIVROS,
TOTAL_PAGINAS = P_PAGINAS
WHERE COD_AUTOR = :NEW.COD_AUTOR;
```

Ao inserir ou atualizar um livro, automaticamente a quantidade de livros e páginas do autor é atualizada:

```
UPDATE T_LIVRO SET COD_AUTOR = 102 WHERE COD_LIVRO =
4;
```

| COD_AUTOR | NOME_AUTOR | TEL_AUTOR | TOTAL_LIVROS | TOTAL_PAGINAS |
|-----------|------------|-----------|--------------|---------------|
| 102 | Lourdes Furtado | 9999-99999 | 2 | 610 |

Vamos buscar os livros para comparação:

```
SELECT * FROM T_LIVRO;
```

| COD_LIVRO | NOME_LIVRO | EDICAO | COD_AUTOR | COD_EDITORA | PAGINAS |
|-----------|------------|--------|-----------|-------------|---------|
| 1 | Violeta Azul | 1 | 100 | 10 | 150 |
| 2 | Janela Secreta | 1 | 100 | 20 | 200 |
| 3 | O Segredo | 1 | 102 | 10 | 400 |
| 4 | Jardim Encantado | 1 | 102 | | 210 |
| 5 | Livro Novo | 7 | 100 | | 100 |

Poderia ser criada uma trigger para caso um livro precisasse ser apagado, ele fizesse a mesma atualização:

```
CREATE OR REPLACE TRIGGER TRG_DLT_LIVRO
AFTER
DELETE
ON T_LIVRO
REFERENCING NEW AS NEW OLD AS OLD
FOR EACH ROW
DECLARE
BEGIN
UPDATE T_AUTOR
SET
TOTAL_LIVROS = TOTAL_LIVROS - 1,
TOTAL_PAGINAS = TOTAL_PAGINAS - :OLD.PAGINAS
WHERE COD_AUTOR = :OLD.COD_AUTOR;
END;
```

Dessa vez foi necessário apenas um código, comparando com a expressão :OLD, que traz exatamente o campo apagado.

Vamos atualizar mais um livro para o autor de código 102.

```
UPDATE T_LIVRO SET COD_AUTOR = 102 WHERE COD_LIVRO = 5;
```

| COD_AUTOR | NOME_AUTOR | TEL_AUTOR | TOTAL_LIVROS | TOTAL_PAGINAS |
|-----------|------------|-----------|--------------|---------------|
| 102 | Lourdes Furtado | 9999-99999 | 2 | 710 |

Agora vamos apagar o livro para entender o comportamento do código:

```
DELETE FROM T_LIVRO WHERE COD_LIVRO = 5;
```

O resultado seria a atualização das páginas do autor, diminuindo 100 páginas:

| COD_AUTOR | NOME_AUTOR | TEL_AUTOR | TOTAL_LIVROS | TOTAL_PAGINAS |
|-----------|------------|-----------|--------------|---------------|
| 102 | Lourdes Furtado | 9999-99999 | 2 | 610 |

Fizemos na atualização do autor e ao apagar o livro, faltou na inclusão de um livro novo.

```
CREATE OR REPLACE TRIGGER TRG_INS_LIVRO
AFTER
INSERT
ON T_LIVRO
REFERENCING NEW AS NEW OLD AS OLD
FOR EACH ROW
```

```
DECLARE
PRAGMA AUTONOMOUS_TRANSACTION;
P_LIVROS INT;
P_PAGINAS INT;
BEGIN
SELECT COUNT(COD_LIVRO), SUM(PAGINAS) INTO P_LIVROS,
P_PAGINAS
FROM T_LIVRO WHERE COD_AUTOR = :NEW.COD_AUTOR;

UPDATE T_AUTOR
SET
TOTAL_LIVROS = P_LIVROS + 1,
TOTAL_PAGINAS = P_PAGINAS + :NEW.PAGINAS
WHERE COD_AUTOR = :NEW.COD_AUTOR;

COMMIT;
END;
```

Agora vamos incluir um livro novo com 390 páginas para o mesmo autor:

```
INSERT INTO T_LIVRO VALUES (5, 'Livro Novo', 1, 102,'',390);
```

O resultado será a soma dos totais de livro.

| COD_AUTOR | NOME_AUTOR | TEL_AUTOR | TOTAL_LIVROS | TOTAL_PAGINAS |
|-----------|------------|-----------|--------------|---------------|
| 102 | Lourdes Furtado | 9999-99999 | 2 | 1000 |

Dessa forma criamos objetos para todos os cenários.

Também haveria a possibilidade de juntar as instruções em apenas um objeto, facilitando a criação:

```
CREATE OR REPLACE TRIGGER TRG_IUD_LIVRO
AFTER
INSERT OR UPDATE OR DELETE
ON T_LIVRO
REFERENCING NEW AS NEW OLD AS OLD
FOR EACH ROW
DECLARE
PRAGMA AUTONOMOUS_TRANSACTION;
P_LIVROS INT;
P_PAGINAS INT;
BEGIN

IF INSERTING THEN
SELECT COUNT(COD_LIVRO), SUM(PAGINAS) INTO P_LIVROS,
P_PAGINAS
FROM T_LIVRO WHERE COD_AUTOR = :NEW.COD_AUTOR;
UPDATE T_AUTOR
SET
TOTAL_LIVROS = P_LIVROS + 1,
TOTAL_PAGINAS = P_PAGINAS + :NEW.PAGINAS
WHERE COD_AUTOR = :NEW.COD_AUTOR;
END IF;

IF UPDATING THEN
SELECT COUNT(COD_LIVRO), SUM(PAGINAS) INTO P_LIVROS,
P_PAGINAS
FROM T_LIVRO WHERE COD_AUTOR = :NEW.COD_AUTOR OR
COD_LIVRO = :NEW.COD_LIVRO;
UPDATE T_AUTOR SET TOTAL_LIVROS = P_LIVROS,
TOTAL_PAGINAS = P_PAGINAS
WHERE COD_AUTOR = :NEW.COD_AUTOR;
```

```
END IF;

IF DELETING THEN
UPDATE T_AUTOR
SET
TOTAL_LIVROS = TOTAL_LIVROS - 1,
TOTAL_PAGINAS = TOTAL_PAGINAS - :OLD.PAGINAS
WHERE COD_AUTOR = :OLD.COD_AUTOR;
END IF;

COMMIT;
END;
```

Desta forma são incluídas as estruturas INSERT OR UPDATE OR DELETE no código e as condições para testar em quais estados está ocorrendo a instrução com o uso do IF, complementando por INSERTING, UPDATING ou DELETING.

Por último, temos a possibilidade de criar a instrução em uma view:

Imagine a view V_LIVROS:

```
CREATE VIEW V_LIVROS AS
SELECT L.NOME_LIVRO, L.EDICAO, L.PAGINAS, A.NOME_AUTOR
FROM T_LIVRO L
INNER JOIN T_AUTOR A ON L.COD_AUTOR = A.COD_AUTOR;
```

A consulta da view ficaria da seguinte forma:

```
SELECT * FROM V_LIVROS;
```

| NOME_LIVRO | EDICAO | PAGINAS | NOME_AUTOR |
|---|---|---|---|
| Janela Secreta | 1 | 200 | José Campos |
| Violeta Azul | 1 | 150 | José Campos |
| Jardim Encantado | 1 | 210 | Lourdes Furtado |
| Livro Novo | 1 | 390 | Lourdes Furtado |
| O Segredo | 1 | 400 | Lourdes Furtado |

Vamos utilizar a instrução INSTEAD OF para toda vez que precisarmos inserir dados na view.

```
CREATE OR REPLACE TRIGGER TRG_INS_LIVRO
INSTEAD OF
INSERT
ON V_LIVROS
REFERENCING NEW AS NEW OLD AS OLD
FOR EACH ROW
DECLARE
P_MAX_LIVRO INT;
P_MAX_AUTOR INT;
BEGIN

SELECT MAX(COD_LIVRO) INTO P_MAX_LIVRO FROM T_LIVRO;
SELECT MAX(COD_AUTOR) INTO P_MAX_AUTOR FROM
T_AUTOR;

IF :NEW.PAGINAS <= 0 OR :NEW.PAGINAS IS NULL THEN
RAISE_APPLICATION_ERROR (-20508, 'Favor informar as
páginas corretamente!');
ROLLBACK;
END IF;
```

```
INSERT INTO T_AUTOR (COD_AUTOR, NOME_AUTOR)
VALUES (P_MAX_AUTOR+1, :NEW.NOME_AUTOR);

INSERT INTO T_LIVRO (COD_LIVRO, NOME_LIVRO, EDICAO,
COD_AUTOR, PAGINAS)
VALUES(P_MAX_LIVRO+1, :NEW.NOME_LIVRO, :NEW.EDICAO,
P_MAX_AUTOR+1, :NEW.PAGINAS);

END;
```

Vamos analisar o código:

```
INSTEAD OF –     Ao invés de fazer a inclusão na view, faz nas
tabelas.
V_LIVROS         –    Quando a ação ocorrer na view V_LIVROS.
```

No trecho abaixo ele salva os últimos códigos gerados do livro e do autor nos parâmetros, para que, ao incluir um livro ou autor novo ele não repita algum código, gerando erro de chave primária já existente:

```
SELECT MAX(COD_LIVRO) INTO P_MAX_LIVRO FROM T_LIVRO;
SELECT MAX(COD_AUTOR) INTO P_MAX_AUTOR FROM
T_AUTOR;
```

O trecho abaixo é uma condição que testa se a inserção está sendo feita de forma correta, no exemplo, valida se o livro possui o número de páginas informado, se não, avisa ao usuário para informá-lo.

```
IF :NEW.PAGINAS <= 0 OR :NEW.PAGINAS IS NULL THEN
RAISE_APPLICATION_ERROR (-20508, 'Favor informar as
páginas corretamente!');
ROLLBACK;
END IF;
```

Uma característica da trigger é que se houver erro ela barra o restante do processo. Neste caso não precisaríamos do comando ROLLBACK, mas citei pois poderá ser utilizado para desfazer quaisquer operações.

Após a validação os dados são inseridos nas tabelas "Autor" e "Livro":

```
INSERT INTO T_AUTOR (COD_AUTOR, NOME_AUTOR)
VALUES (P_MAX_AUTOR+1, :NEW.NOME_AUTOR);

INSERT INTO T_LIVRO (COD_LIVRO, NOME_LIVRO, EDICAO,
COD_AUTOR, PAGINAS)
VALUES(P_MAX_LIVRO+1, :NEW.NOME_LIVRO, :NEW.EDICAO,
P_MAX_AUTOR+1,
:NEW.PAGINAS);
```

Agora vamos executar a inserção das informações na view, o que o objeto fará é a inclusão dos dados nas diversas tabelas que complementam a view.

```
INSERT INTO V_LIVROS (NOME_LIVRO, EDICAO, PAGINAS,
NOME_AUTOR)
VALUES ('Fazendo Fortuna com Criptomoedas', 1, 550,'Felipe
Ferreira');
```

Ao finalizar vamos consultar novamente a view que busca os dados da tabela "Livro" e "Autor" para conferir se foi lançado:

SELECT * FROM V_LIVROS;

| NOME_LIVRO | EDICAO | PAGINAS | NOME_AUTOR |
|---|---|---|---|
| Violeta Azul | 1 | 150 | José Campos |
| Janela Secreta | 1 | 200 | José Campos |
| O Segredo | 1 | 400 | Lourdes Furtado |
| Jardim Encantado | 1 | 210 | Lourdes Furtado |
| Livro Novo | 1 | 390 | Lourdes Furtado |
| Fazendo Fortuna com Criptomoedas | 1 | 550 | Felipe Ferreira |

## Capítulo 7

### Functions

As funções, functions, são estruturas para consultas rápidas, normalmente realizam alguns cálculos e retornam o resultado em um campo único. A maior diferença delas para as procedures é que podem ser chamadas dentro das queries.

Se compararmos com um sistema, seriam as ações que executam algum cálculo e consultas de informações.

Sua estrutura é:

```
CREATE FUNCTION <nome> (<parâmetro> IN/OUT/ IN OUT
<tipo>)
RETURN <tipo de dado>
IS | AS
BEGIN
<código>
END <nome>;
```

Imagine criar uma função para contar a quantidade de livros de um determinado autor:

```
CREATE OR REPLACE FUNCTION FUN_QTD_LIVROS (P_AUTOR
IN NUMBER)
RETURN INT
IS
QTD INT;
BEGIN
```

```
SELECT COUNT(1) INTO QTD FROM T_LIVRO WHERE
COD_AUTOR = P_AUTOR;
RETURN QTD;
END;
```

Após criar a função, basta rodar o comando:

```
SELECT FUN_QTD_LIVROS(100) TOTAL FROM DUAL;
```

| TOTAL_LIVROS |
|:---:|
| 2 |

```
SELECT FUN_QTD_LIVROS(102) TOTAL_LIVROS FROM DUAL;
```

| TOTAL_LIVROS |
|:---:|
| 3 |

Imagine uma função para trazer quem é o autor com mais páginas:

```
CREATE OR REPLACE FUNCTION FUN_MAIOR_AUTOR
RETURN INT
IS
P_AUTOR INT;
BEGIN
SELECT L.COD_AUTOR INTO P_AUTOR
FROM T_LIVRO L INNER JOIN T_AUTOR A ON L.COD_AUTOR =
A.COD_AUTOR
GROUP BY L.COD_AUTOR
ORDER BY SUM(PAGINAS) DESC
FETCH FIRST 1 ROW ONLY;
RETURN P_AUTOR;
```

END;

O trecho FETCH FIRST 1 ROW ONLY funciona da seguinte forma:

FETCH            –    Trazer a partir das:
FIRST            –    primeiras:
<valor>          –    quantidade de:
ROWS ONLY –    linhas apenas.

Ou seja, trazer apenas a primeira linha do resultado do select.

Dessa vez não haveria a necessidade de passagem de parâmetros, pois a consulta buscaria diretamente o cálculo:

SELECT FUN_MAIOR_AUTOR FROM DUAL;

| FUN_MAIOR_AUTOR |
| --- |
| 102 |

Um ponto interessante é que podemos buscar os dados do autor simplesmente fazendo uma nova consulta na tabela "Autor" e combinando com o resultado da função:

SELECT *
FROM T_AUTOR WHERE COD_AUTOR IN (FUN_MAIOR_AUTOR);

| COD_AUTOR | NOME_AUTOR | TEL_AUTOR | TOTAL_LIVROS | TOTAL_PAGINAS |
| --- | --- | --- | --- | --- |
| 102 | Lourdes Furtado | 9999-99999 | 3 | 1000 |

Toda consulta necessária de forma rápida, poderá ser realizada através de uma função.

## Capítulo 8

### Procedures

Os procedimentos armazenados, stored procedures, e também conhecidas simplesmente como procedures, são estruturas para executar de forma pontual alguns comandos. Elas permitem ao usuário a passagem de parâmetros para realizar diversos cálculos e são independentes, não sendo chamadas pelas queries, mas por um comando específico.

Se compararmos com um sistema, seriam as ações dos botões.

Sua estrutura é:

```
CREATE PROCEDURE <nome> (<parâmetros>)
 IS
<campos>
BEGIN
<comandos>
EXCEPTION
<comandos>
END;
```

Vamos imaginar um procedimento que faça o lançamento de livros:

```
CREATE OR REPLACE PROCEDURE STP_INC_LIVRO (P_NOME
VARCHAR, P_EDICAO INT, P_PAGINAS INT)
IS
P_ULT_COD INT;
```

```
BEGIN
SELECT MAX(COD_LIVRO)+1
INTO P_ULT_COD FROM T_LIVRO;
INSERT INTO T_LIVRO (COD_LIVRO, NOME_LIVRO, EDICAO,
PAGINAS)
VALUES (P_ULT_COD, P_NOME, P_EDICAO, P_PAGINAS);
EXCEPTION
WHEN OTHERS THEN
RAISE_APPLICATION_ERROR(-20001, 'Ocorreu um erro na
inserção dos dados!');
COMMIT;
END;
```

Vamos entender o código:

Foram criados os parâmetros abaixo para que a procedure contenha os dados mínimos para inclusão na tabela "Livro". A passagem de parâmetros deve ser feita na execução da procedure.

```
(P_NOME VARCHAR, P_EDICAO INT, P_PAGINAS INT)
```

Também foi criado o parâmetro P_ULT_COD INT para armazenar o último valor na tabela livro, através da query abaixo:

```
SELECT MAX(COD_LIVRO)+1
INTO P_ULT_COD FROM T_LIVRO;
```

Por fim é inserido o livro na tabela "Livro" com as informações de todos os parâmetros de entrada da procedure e também o parâmetro interno:

```
INSERT INTO T_LIVRO (COD_LIVRO, NOME_LIVRO, EDICAO,
PAGINAS)
VALUES (P_ULT_COD, P_NOME, P_EDICAO, P_PAGINAS);
```

Caso haja alguma exceção no código, será gerada uma mensagem de erro para o usuário:

```
EXCEPTION
WHEN OTHERS THEN
RAISE_APPLICATION_ERROR(-20001, 'Ocorreu um erro na
inserção dos dados!');
```

Ao final é confirmada a operação, gravando no banco de dados:

```
COMMIT;
```

Após criar a procedure, podemos chamá-la de algumas formas:

```
CALL STP_INC_LIVRO ('100 Dias de Luz',1,120);
EXEC STP_INC_LIVRO ('Um Lugar no Paraíso',1,198);
EXECUTE STP_INC_LIVRO ('Jardim Encantado 2',2,220);
```

O resultado será a inclusão dos livros:

| COD_LIVRO | NOME_LIVRO | EDICAO | COD_AUTOR | COD_EDITORA | PAGINAS |
|---|---|---|---|---|---|
| 7 | 100 Dias de Luz | 1 | | | 120 |
| 8 | Um Lugar no Paraíso | 1 | | | 198 |
| 9 | Jardim Encantado 2 | 2 | | | 220 |

Da mesma forma podemos ter procedures de exclusão e alteração.

Imagine que deseje alterar dados de um livro:

```
CREATE OR REPLACE PROCEDURE STP_UPD_LIVRO
(P_COD_LIVRO INT, P_NOME VARCHAR, P_EDICAO INT,
P_PAGINAS INT, P_COD_AUTOR INT, P_COD_EDITORA INT)
IS
BEGIN
UPDATE T_LIVRO SET
NOME_LIVRO = CASE WHEN P_NOME IS NULL THEN
NOME_LIVRO ELSE P_NOME END,
EDICAO = CASE WHEN P_EDICAO IS NULL THEN EDICAO ELSE
P_EDICAO END,
PAGINAS = CASE WHEN P_PAGINAS IS NULL THEN PAGINAS
ELSE P_PAGINAS END,
COD_AUTOR = CASE WHEN P_COD_AUTOR IS NULL THEN
COD_AUTOR ELSE P_COD_AUTOR END,
COD_EDITORA = CASE WHEN P_COD_EDITORA IS NULL THEN
COD_EDITORA ELSE P_COD_EDITORA END
WHERE COD_LIVRO = P_COD_LIVRO;
EXCEPTION
WHEN OTHERS THEN
RAISE_APPLICATION_ERROR(-20001, 'Ocorreu um erro na
inserção dos dados!');
COMMIT;
END;
```

Todos os campos foram incluídos nos parâmetros, o P_COD_LIVRO é quem irá rastrear qual livro deverá ser atualizado.

```
(P_COD_LIVRO INT, P_NOME VARCHAR, P_EDICAO INT,
P_PAGINAS INT, P_COD_AUTOR INT, P_COD_EDITORA INT)
```

No "Update", para cada campo foi incluída a instrução "CASE",
comparando se o usuário preencheu determinados campos.

Se o usuário informar apenas o código do autor ou o número de
páginas, os demais campos da tabela não serão atualizados,
sendo preservados os registros originais da tabela:

```
UPDATE T_LIVRO SET
NOME_LIVRO = CASE WHEN P_NOME IS NULL THEN
NOME_LIVRO ELSE P_NOME END,
```

Ao chamar a procedure, basta informar alguns parâmetros e os
demais vazios:

```
EXEC STP_UPD_LIVRO (5, 'O Pequeno','','','','');
```

| COD_LIVRO | NOME_LIVRO | EDICAO | COD_AUTOR | COD_EDITORA | PAGINAS |
|-----------|------------|--------|-----------|-------------|---------|
| 5 | O Pequeno | 1 | 102 | | 390 |

Agora vamos atualizar novamente o nome e o número de páginas:

```
EXEC STP_UPD_LIVRO (5, 'O Pequeno Rei','','360','','');
```

| COD_LIVRO | NOME_LIVRO | EDICAO | COD_AUTOR | COD_EDITORA | PAGINAS |
|-----------|------------|--------|-----------|-------------|---------|
| 5 | O Pequeno Rei | 1 | 102 | | 360 |

Da mesma forma podemos criar uma procedure para a exclusão
de informações:

```
CREATE OR REPLACE PROCEDURE STP_DEL_LIVRO
(P_COD_LIVRO INT)
IS
BEGIN
DELETE FROM T_LIVRO WHERE COD_LIVRO = P_COD_LIVRO;
EXCEPTION
WHEN OTHERS THEN
RAISE_APPLICATION_ERROR(-20001, 'Ocorreu um erro na
inserção dos dados!');
COMMIT;
END;
```

Basta executar o comando abaixo para que o livro de código 7 seja excluído:

```
EXEC STP_DEL_LIVRO (7);
```

| COD_LIVRO | NOME_LIVRO | EDICAO | COD_AUTOR | COD_EDITORA | PAGINAS |
|-----------|------------|--------|-----------|-------------|---------|
| 7 | 100 Dias de Luz | 1 | | | 120 |

# Capítulo 9

## Repetições:

As repetições são estruturas que permitem com que façamos movimentações de dados em sequência até uma determinada condição. Normalmente são utilizadas dentro de triggers e procedures.

Se compararmos com um sistema, seriam as ações que copiam dados em lote de uma tabela para outra tabela.

Imagine que após alguns meses seja identificada a necessidade de ser atualizada uma lista com os três maiores autores e quando o usuário desejar, registrando essa informação em uma tabela exclusiva.

```
CREATE TABLE T_TOP_AUTOR
(
COD_AUTOR NUMBER PRIMARY KEY,
NOME_AUTOR VARCHAR2(100),
TOTAL_LIVROS NUMBER,
TOTAL_PAGINAS NUMBER
);
```

Agora vamos criar a instrução dentro de uma procedure, para que fique disponível sempre que o usuário desejar executá-la:

Loop

A primeira estrutura de repetição é o Loop, ele inicia a repetição e continua até que alcance uma determinada condição durante a execução.

Sua estrutura é:

```
LOOP
<código>;
EXIT WHEN <condição>;
END LOOP;
```

Utilizando a função Loop a procedure ficaria da seguinte forma:

```
CREATE OR REPLACE PROCEDURE STP_INC_MAIORES_AUTORES
IS
P_COD   T_AUTOR.COD_AUTOR%TYPE;
P_NOME  T_AUTOR.NOME_AUTOR%TYPE;
P_LIVROS   T_AUTOR.TOTAL_LIVROS%TYPE;
P_PAGINAS  T_AUTOR. TOTAL_PAGINAS%TYPE;
P_CONT INT := 0;

BEGIN
DELETE FROM T_TOP_AUTOR;

LOOP
SELECT   COD_AUTOR,   NOME_AUTOR,   TOTAL_LIVROS,
TOTAL_PAGINAS
INTO P_COD, P_NOME, P_LIVROS, P_PAGINAS
FROM T_AUTOR
ORDER BY TOTAL_LIVROS DESC, TOTAL_PAGINAS DESC
OFFSET P_CONT ROWS
```

```
FETCH NEXT 1 ROWS ONLY;

INSERT INTO T_TOP_AUTOR (COD_AUTOR, NOME_AUTOR,
TOTAL_LIVROS, TOTAL_PAGINAS)
VALUES (P_COD, P_NOME, P_LIVROS, P_PAGINAS);

P_CONT := P_CONT + 1;

EXIT WHEN P_CONT = 3;
END LOOP;

EXCEPTION
WHEN OTHERS THEN
RAISE_APPLICATION_ERROR(-20001, 'Ocorreu um erro na
inserção dos dados!');
COMMIT;
END;
```

Ao desmembrar o código:

Podemos declarar uma variável com o tipo similar ao campo de outra tabela. Vamos criar a variável P_COD do mesmo tipo do campo COD_AUTOR da tabela "Autor", T_AUTOR.

```
P_COD  T_AUTOR.COD_AUTOR%TYPE;
```

Também foi criado o campo P_CONT, do tipo inteiro, que servirá como um contador. Em razão disso o seu valor inicial será "0".

```
P_CONT INT := 0;
```

Foi incluída uma opção de DELETE para limpar a tabela antes da inserção dos novos valores, para que não sejam incluídos mais autores do que os três solicitados e também não ocorra erro de chave primária repetida.

```
DELETE FROM T_TOP_AUTOR;
```

A instrução LOOP começa neste ponto, o select ficou dentro da repetição, ou seja, será executado o mesmo número de vezes que a instrução repetir. Queremos que ela repita somente três vezes e o controle das repetições será através da variável P_CONT.

```
LOOP
SELECT    COD_AUTOR,    NOME_AUTOR,    TOTAL_LIVROS,
TOTAL_PAGINAS
INTO P_COD, P_NOME, P_LIVROS, P_PAGINAS
FROM T_AUTOR
ORDER BY TOTAL_LIVROS DESC, TOTAL_PAGINAS DESC
OFFSET P_CONT ROWS
FETCH NEXT 1 ROWS ONLY;
```

O trecho OFFSET P_CONT ROWS funciona da seguinte forma:

| | | |
|---|---|---|
| OFFSET | – | Deslocar ou iniciar a partir de: |
| <valor> | – | quantidade de: |
| ROWS | – | linhas. |

A variável P_CONT irá começar a partir da linha "0" do retorno do select, ou seja, da primeira linha.

O trecho FETCH NEXT 1 ROWS ONLY funciona da seguinte forma:

| FETCH | – | Trazer a partir das: |
|-------|---|----------------------|
| NEXT | – | próximas: |
| <valor> | – | quantidades de: |
| ROWS ONLY | – | linhas apenas. |

Ou seja, trazer apenas a primeira linha apenas.

Durante a execução, antes de finalizar cada repetição, a variável P_CONT será incrementada por "1". Essa condição permite que o Loop vá adicionando valores na variável e sirva como referência para finalizar a execução.

Caso não houvesse essa condição a repetição se tornaria infinita, ocasionando um "deadlock", um impasse que bloqueia algumas operações no banco de dados. Esse bloqueio poderá ser desfeito, mas o ideal é que o tratemos nos códigos antes que ocorram.

```
P_CONT := P_CONT + 1;
```

Dessa forma incluímos a condição abaixo para finalizar a repetição quando o valor da variável for "3", que é o número de autores que nos interessa buscar e gravar na tabela dos três melhores autores.

```
EXIT WHEN P_CONT = 3;
END LOOP;
```

Vamos executar a procedure criada:

```
EXEC STP_INC_MAIORES_AUTORES;
```

Ao realizar consulta na tabela "T_TOP_AUTORES", o resultado seria:

SELECT * FROM T_TOP_AUTOR;

| COD_AUTOR | NOME_AUTOR | TOTAL_LIVROS | TOTAL_PAGINAS |
|---|---|---|---|
| 101 | Felipe Ferreira | 7 | 2800 |
| 103 | Carlos Manoel | 4 | 1125 |
| 102 | Lourdes Furtado | 3 | 1000 |

For Loop

Outra opção de repetição é o For Loop, a diferença é que inicia a execução já sabendo o número de vezes que terá de repetir.

Sua estrutura é:

FOR <variável> IN <menor valor> .. <maior valor>
LOOP
<código>;
END LOOP;

No exemplo anterior, a procedure ficaria da seguinte forma:

```
CREATE OR REPLACE PROCEDURE
STP_INC_MAIORES_AUTORES
IS
P_COD   T_AUTOR.COD_AUTOR%TYPE;
P_NOME  T_AUTOR.NOME_AUTOR%TYPE;
P_LIVROS   T_AUTOR.TOTAL_LIVROS%TYPE;
P_PAGINAS  T_AUTOR. TOTAL_PAGINAS%TYPE;
```

```
P_CONT INT := 0;

BEGIN
DELETE FROM T_TOP_AUTOR;

FOR P_CONT IN 1..3
LOOP
SELECT COD_AUTOR, NOME_AUTOR, TOTAL_LIVROS,
TOTAL_PAGINAS
INTO P_COD, P_NOME, P_LIVROS, P_PAGINAS
FROM T_AUTOR
ORDER BY TOTAL_LIVROS DESC, TOTAL_PAGINAS DESC
OFFSET P_CONT ROWS
FETCH NEXT 1 ROWS ONLY;

INSERT INTO T_TOP_AUTOR (COD_AUTOR, NOME_AUTOR,
TOTAL_LIVROS, TOTAL_PAGINAS)
VALUES (P_COD, P_NOME, P_LIVROS, P_PAGINAS);
END LOOP;

EXCEPTION
WHEN OTHERS THEN
RAISE_APPLICATION_ERROR(-20001, 'Ocorreu um erro na
inserção dos dados!');
COMMIT;
END;
```

Utilizando a função FOR P_CONT IN 1..3 já teríamos estabelecido o número de repetições.

## While

O while é outro modelo de repetição parecido com os anteriores, nele é estabelecida a condição e executa até que seja atendida.

Sua estrutura é:

```
WHILE <condição>
LOOP
<código>;
END LOOP;
```

A procedure ficaria dessa maneira:

```
CREATE OR REPLACE PROCEDURE
STP_INC_MAIORES_AUTORES
IS
P_COD   T_AUTOR.COD_AUTOR%TYPE;
P_NOME  T_AUTOR.NOME_AUTOR%TYPE;
P_LIVROS   T_AUTOR.TOTAL_LIVROS%TYPE;
P_PAGINAS  T_AUTOR. TOTAL_PAGINAS%TYPE;
P_CONT INT := 0;

BEGIN
DELETE FROM T_TOP_AUTOR;

WHILE P_CONT < 3
LOOP
SELECT COD_AUTOR, NOME_AUTOR, TOTAL_LIVROS,
TOTAL_PAGINAS
INTO P_COD, P_NOME, P_LIVROS, P_PAGINAS
FROM T_AUTOR
```

```
ORDER BY TOTAL_LIVROS DESC, TOTAL_PAGINAS DESC
OFFSET P_CONT ROWS
FETCH NEXT 1 ROWS ONLY;

INSERT INTO T_TOP_AUTOR (COD_AUTOR, NOME_AUTOR,
TOTAL_LIVROS, TOTAL_PAGINAS)
VALUES (P_COD, P_NOME, P_LIVROS, P_PAGINAS);

P_CONT := P_CONT + 1;
END LOOP;

EXCEPTION
WHEN OTHERS THEN
RAISE_APPLICATION_ERROR(-20001, 'Ocorreu um erro na
inserção dos dados!');
COMMIT;
END;
```

Junto com o WHILE P_CONT < 3 devemos utilizar também o P_CONT := P_CONT + 1 para que vá incrementando a variável até que atenda a condição. Se não incluir este contador o sistema também entrará em "deadlock".

Sempre que for necessário utilizar alguma estrutura de repetições poderemos incluir as estruturas acima.

# Capítulo 10

## Cursores:

Os cursores, cursors, também são estruturas que armazenam informações na memória para que sejam utilizadas em um momento seguinte.

Comparando com um sistema, seriam as instruções que copiam dados de uma tabela para outra, armazenando temporariamente em memória as informações.

Sua estrutura é:

```
CREATE OR REPLACE      <objeto>
...
CURSOR <nome>
IS
SELECT      <campos>   FROM   <tabelas>   WHERE
    <condições>;
BEGIN
OPEN       <nome>;
WHILE/ IF   <nome>%<expressão> THEN/LOOP <instrução>
LOOP
FETCH      <nome> INTO    <variáveis>;
EXIT WHEN<nome>%<expressão>;
END LOOP;
CLOSE <nome>;
END;
```

A estrutura talvez seja a mais complexa entre os objetos. Vamos explicar com detalhe:

Criar um objeto para rodar o cursor: trigger, procedure ou function.

```
CREATE OR REPLACE    <objeto>
```

Após escolher o objeto, declare o cursor com seu nome:

```
CURSOR <nome>
```

Informe a query que ele deverá buscar, sempre uma consulta com select para compor os dados que o cursor deve armazenar:

```
IS
SELECT    <campos>    FROM    <tabelas>    WHERE
    <condições>;
```

Após o BEGIN do objeto, deve ser informado o comando OPEN e o nome do cursor, para ativá-lo.

```
BEGIN
OPEN        <nome>;
```

Algumas expressões do cursor podem ser utilizadas para iniciar a estrutura de repetição:

```
%ISOPEN, %FOUND, %NOTFOUND e %ROWCOUNT.
```

%ISOPEN – Testa se o cursor está aberto. Normalmente é informada antes da expressão OPEN ou de iniciar uma operação.

```
WHILE       <nome> %ISOPEN       LOOP       <instrução>...
IF          <nome> %ISOPEN       THEN       <instrução>...
```

%FOUND – Testa se o cursor está aberto e se ainda há dados encontrados não lidos nele.

| WHILE | <nome> %FOUND | LOOP | <instrução>... |
| IF | <nome> %FOUND | THEN | <instrução>... |

%NOTFOUND – Testa se o cursor está aberto e se não há mais dados encontrados lidos nele. É
o inverso da expressão anterior.

| WHILE | <nome> %NOTFOUND | LOOP | <instrução>... |
| IF | <nome> %NOTFOUND | THEN | <instrução>... |

%ROWCOUNT – Testa a quantidade de linhas armazenadas no cursor.

| WHILE | <nome> %ROWCOUNT | <condição> | LOOP |
| IF | <nome> %ROWCOUNT | <condição> | LOOP |

Após a definição da expressão, dentro da estrutura de repetição é utiliza a função
FETCH ... INTO para gravar os valores do cursor nas variáveis, que posteriormente serão utilizadas para gravar as informações em alguma tabela.

```
LOOP
FETCH       <nome> INTO     <variáveis>;
<instrução>
END LOOP;
```

Para encerrar a repetição são utilizadas as mesmas expressões de inicialização.

```
EXIT WHEN <nome> %NOTFOUND;
EXIT WHEN <nome> %FOUND;
EXIT WHEN <nome> %ROWCOUNT    <condição>;
```

Por fim, o cursor deve ser fechado.

```
CLOSE <nome>;

END;
```

Poderíamos ter a mesma estrutura para a procedure, utilizando a repetição com o comando WHILE:

```
CREATE OR REPLACE PROCEDURE
STP_INC_MAIORES_AUTORES
IS
P_COD   T_AUTOR.COD_AUTOR%TYPE;
P_NOME  T_AUTOR.NOME_AUTOR%TYPE;
P_LIVROS   T_AUTOR.TOTAL_LIVROS%TYPE;
P_PAGINAS   T_AUTOR. TOTAL_PAGINAS%TYPE;
CURSOR CUR_MAIOR
IS
(SELECT COD_AUTOR, NOME_AUTOR, TOTAL_LIVROS,
TOTAL_PAGINAS
FROM T_AUTOR
ORDER BY TOTAL_LIVROS DESC, TOTAL_PAGINAS DESC
FETCH FIRST 3 ROWS ONLY);
```

```
BEGIN
DELETE FROM T_TOP_AUTOR;

IF CUR_MAIOR%ISOPEN THEN CLOSE CUR_MAIOR; END IF;
OPEN CUR_MAIOR;

FETCH CUR_MAIOR INTO P_COD, P_NOME, P_LIVROS,
P_PAGINAS;

WHILE CUR_MAIOR%FOUND LOOP
INSERT INTO T_TOP_AUTOR (COD_AUTOR, NOME_AUTOR,
TOTAL_LIVROS, TOTAL_PAGINAS)
VALUES (P_COD, P_NOME, P_LIVROS, P_PAGINAS);
FETCH CUR_MAIOR INTO P_COD, P_NOME, P_LIVROS,
P_PAGINAS;
END LOOP;
CLOSE CUR_MAIOR;

EXCEPTION
WHEN OTHERS THEN
RAISE_APPLICATION_ERROR(-20001, 'Ocorreu um erro na
inserção dos dados!');
END;
```

Vamos entender a declaração:

Foi declarado o cursor "Maior".
CURSOR CUR_MAIOR

Composto da query abaixo. Observe que o termo FETCH FIRST 3
ROWS ONLY funciona no código, pois não precisará mais buscar
um de cada vez dentro da repetição, com o cursor ele busca toda

a query antes para o usuário utilizar da maneira que achar melhor:

```
IS
(SELECT COD_AUTOR, NOME_AUTOR, TOTAL_LIVROS,
TOTAL_PAGINAS
FROM T_AUTOR
ORDER BY TOTAL_LIVROS DESC, TOTAL_PAGINAS DESC
FETCH FIRST 3 ROWS ONLY);
```

Pode ser feito um teste para caso o cursor esteja em execução, isso funciona bem quando se tem um cursor que execute uma consulta muito robusta, se o usuário executar o código mais de uma vez ele poderia entrar no looping, a expressão evita isso:

```
IF CUR_MAIOR%ISOPEN THEN CLOSE CUR_MAIOR; END IF;
```

Posteriormente é aberto o cursor para que seja executado.

```
OPEN CUR_MAIOR;
```

Como utilizamos o WHILE e o %FOUND, gravamos os dados no cursor antes de iniciar a repetição:

```
FETCH CUR_MAIOR INTO P_COD, P_NOME, P_LIVROS,
P_PAGINAS;

WHILE CUR_MAIOR%FOUND LOOP
```

Ele finaliza a instrução dentro da repetição e fecha o cursor:

```
END LOOP;
```

```
CLOSE CUR_MAIOR;
```

Os cursores facilitam as operações pois gravam de uma vez toda a query e são inseridos nas diversas tabelas de forma automática.

Todas as funções básicas para operar com SQL foram descritas nesse livro. Com todos esses conceitos, mesclando todos os tipos objetos mencionados, existe uma infinidade de funcionalidades que podemos utilizar.

Nas próximas atualizações do livro irei complementar com mais tabelas, funcionalidades, casos de uso, mais exemplos de objetos e atualização com novas rotinas, sempre que forem lançadas.

Desejo sucesso com o SQL!

Abraço!

**Referências Bibliográficas:**

Baixando e Instalando Oracle e SQL Server:

Como criar um ambiente para estudar Banco de Dados e SQL
Disponível em: https://dicasdeprogramacao.com.br/como-criar-um-ambiente-para-estudar-banco-de-dados-e-sql/
Acesso em: Mai. 2020.

Diversos conteúdos sobre Banco de Dados:

Oracle Documentation. Todo o site.
Disponível em: https://docs.oracle.com/en/
Acesso em: Mai. 2020.

Devmedia. Todos o site.
Disponível em: https://www.devmedia.com.br/
Acesso em: Mai. 2020.

Dicas de Programação. Todo o site.
Disponível em: https://dicasdeprogramacao.com.br/
Acesso em: Mai. 2020.

Tech on the Net. Todo o site.
Disponível em: https://www.techonthenet.com/index.php
Acesso em: Mai. 2020.